돌이킬 수 없는 날이 이르기 전에

그리스도인들은 그 책의 사람들, 바로 성경의 사람들입니다. 성경에만 권위를 두고, 성경대로 살며, 성경에 자신을 계시하신 삼위 하나님만을 예배하고 사랑합니다. 이에 **그 책의 사람들**은 하나님께만 영광 돌리고, 하나님의 나라와 교회의 번영과 행복을 위해 성경에 충실한 도서들만을 독자들에게 전하겠습니다.

믿음과 회개 시리즈
01

돌이킬 수 없는 날이 이르기 전에

권오성 · 정중현 지음

"나더러 주여 주여 하는 자마다 다 천국에 들어갈 것이 아니요..."

"그러므로 우리는 들은 것에 더욱 유념함으로
우리가 흘러 떠내려가지 않도록 함이 마땅하니라"

차례

저자 서문

우리는 건강검진을 받습니다. 건강에 아무 문제가 없다고 느끼더라도 말입니다. 실제로 검진 결과가 좋을 때도 있지만, 그렇지 않을 때도 있습니다. 스스로는 건강하다고 느끼지만, 사실 질병 때문에 죽어가고 있다는 것을 알게 되기도 합니다.

영적으로도 비슷한 일이 일어납니다. 우리는 평소 영적으로 아무 문제가 없다고 느낍니다. 이 책을 펼친 여러분도 그렇게 느끼실지 모르겠습니다. 하지만 우리는 자신도 모르는 사이에 영적인 질병으로 죽어가고 있을 수도 있습니다.

그렇다면 어떻게 해야 할까요? 우리는 주기적으로 자신의 영적 상태를 점검해야 합니다. 사도 바울의 말씀처럼 자신이 '믿음 안에 있는지 스스로 시험하고 확증'해야 합니다

(고후 3:5). 만약 우리의 영혼이 병들어 있다는 것이 확인되면, 적극적으로 치료해야 합니다. 필요하다면 수술을 받아서라도 치료를 해야 합니다.

이 책에는 바로 그 영적인 치료 과정이 담겨 있습니다. 자신의 영혼에 큰 문제가 없다고 느꼈던 성도들이 이 치료 과정을 들었습니다. 성도들은 이 가르침을 통해서 자신의 영혼에 어떤 문제가 있는지 발견했습니다. 그리고 말씀을 통해 치료를 받으며 영혼의 회복을 경험했습니다.

첫 장은 강의입니다. 이 강의를 통해 우리는 우리의 영혼을 점검합니다. 우리 안에 있는 영적인 생명이 올바르게 작동하고 있는지 면밀하게 살핍니다. 이는 우리 영혼이 얼마나 병들어 있는지 스스로 자각하게 합니다.

이어지는 네 편의 설교는 우리의 영혼을 세심하게 치료합니다. 첫 번째 설교는 영적인 생명을 위협하는 것이 무엇인지 살핍니다. 그것은 바로 '죄'입니다. 두 번째 설교는 영적인 생명을 위협하는 '죄'에서 떠난다는 것이 무엇인지 알려 줍니다. '회개'입니다. 세 번째 설교는 죄에서 떠나지 않았을 때 어떤 결과를 맞이하는지 알려 줍니다. '심판'입니다.

네 번째 설교는 그 심판이 구체적으로 무엇인지 가르쳐 줍니다. '지옥'입니다.

설교자들은 성령님을 의지하며 영혼의 수술을 이어갔습니다. 주일마다 말씀의 칼로 영혼의 환부를 도려내려 했습니다. 매 수요일에는 주일에 선포된 말씀으로 함께 기도하며 영혼의 회복을 도모했습니다. 매주 설교 서신을 발송하며 영혼의 양분을 제공했습니다. 그 설교 서신 중 한 편이 에필로그에 실려 있습니다.

이 수술을 받은 성도들은 말씀으로 말미암은 찔림으로 고통스러워하기도 했습니다. 그러나 이 수술이 끝날 때마다 모두 기뻐했습니다. 여러분은 중간중간에 실려 있는 성도들의 묵상을 통해서 성도들이 어떤 회복을 누렸는지 발견하게 될 것입니다. 더불어 회복된 영혼들이 기쁨 가운데 삼위 하나님께 올려 드린 찬송도 함께 목격하게 될 것입니다.

웨스트민스터 대교리문답 159문답은 설교의 목적을 '하나님의 영광과 그 백성들의 회심과 건덕과 구원'이라고 가르칩니다. 이 목적에 따라 마음껏 복음을 선포할 수 있도록 강단을 보호해 주신 광교장로교회 당회와, 부족한 설교자를 선물로 여겨 주시는 모든 성도님께 깊은 감사를 드립니다.

이 책이 여러분의 영혼을 점검하고, 회복하게 하는 데 선하게 사용되기를 소망합니다.

권오성

저자 서문

"죄를 깨닫고, 잠시 답답해하고, 때로는 눈물을 흘리기도 합니다. 하지만 이런 반응 자체가 내가 구원받았음을 말하는 것은 아니라고, 그렇게 은연중에 결론 내리는 것 같습니다. 몸은 병들어 있는데, 사실은 죽어 있는데, 수술이 필요한데, 영양제만 맞고 만족해하는 것은 아닌지 걱정되고 두렵습니다."

한 성도님이 회심의 복음을 전해달라고 요청하며 위와 같은 메시지를 보냈습니다. 지금 돌아보면 부끄럽지만, 목사로서 해야 할 바른 답보다 질문을 빙자한 여러 변명이 먼저 떠올랐습니다.

'모든 설교가 회심 설교가 아닌가? 회심을 일으키는 설교라는 게 따로 존재할까? 회심을 의도하며 설교를 준비한

다고 해서 회심이 일어날 수 있을까? 그것은 목사보다는 성령님께 달린 일 아닌가?'

이후 그 성도님을 만나 오랜 시간 대화를 나누면서 한 가지 중요한 사실을 깨닫게 되었습니다.

'설교를 준비할 때마다 성령님의 도움을 구하며 기도했고, 누구라도 회심하기를 바라며 설교를 해왔어. 하지만, **간절히** 바라지는 않았구나. 성도를 **간절히** 사랑하지는 않았구나.'

물론 믿음과 회개는 성령님이 친히 주시는 구원의 은혜(a saving grace)입니다. 성령님은 부족한 설교를 통해서도 하나님의 택한 백성을 효과적으로 그리스도께 부르실 수 있습니다. 그러나 이 말은 목사가 게을러도 좋다는 말은 아닙니다. 목사는 순수한 복음을 최선을 다해 선포해야 합니다.

그렇다면 목사의 '최선'은 무엇일까요? 그날 성도님과의 대화를 통해 최선의 척도를 알게 되었습니다. 목사는 '설교를 듣는 모든 성도가 회심에 이르기를 **간절히** 바랄 만큼' 최선을 다해 설교를 준비해야 합니다. 성도의 회심을 간절히 열망하며, 그만큼 성령님의 도움을 **간절히** 구하며 신실하게 복음을 선포해야 합니다.

성도 한 사람 한 사람을 그리스도의 사랑으로 **간절히** 사랑했는가? 혹시라도 지옥으로 향하고 있을지 모를 성도나 자녀들을 향해, 그리스도의 말씀을 전하는 목사로서 진정 최선을 다했는가? 이 설교는 그들을 향해 **간절히** 돌아서라고 호소하고 있는가? 사랑 없이, 그들을 멸망하도록 내버려 두고 있지 않은가?

이 책에 담긴 설교들은 이러한 질문들 앞에서 깨어진 목사의 회개의 열매입니다. 목사로서 성도를 진심으로 사랑하지 않은 죄, 그리스도의 사랑으로 말씀을 전하고 기도하는 일에 게을렀던 죄에 대한 회개의 열매입니다.

권오성 목사님과 함께 이 설교 시리즈를 준비하고 전하며 가장 많이 변한 것은 저 자신이었습니다. 저는 모든 성도가 복음이 증언하는 그리스도를 믿고 회개하기를 간절히 바라고 기도하며, 오늘도 설교를 준비하고 있습니다. 목사로서 아무에게도 설교할 수 없고, 누구를 위해서도 기도할 수 없는 날이 이르기 전에, 이 모든 것을 깨닫게 해 주신 성 삼위 하나님께 감사드립니다. 이런 책이 꼭 필요하다며 출판을 격려하고 이끌어 주신 광교장로교회 당회에도 감사드립니다.

부디, 이 책을 읽는 여러분 역시 깨닫고 믿고 회개하기를 바랍니다. 성령님의 은혜 의지하여 자원하는 마음으로 그리스도께로 달려가기를 소망합니다.

여러분을 위해 아무도 설교하지 않고, 여러분을 위해 누구도 기도할 수 없는 날이 이르기 전에...

정중현

1장
회심, 무한히 아름다우신 하나님을 바라봄

– 회심에 대하여

권오성

서론

모든 성도에게 필요한 회심에 대한 가르침

사실 많은 성도가 '회심'에 관해 큰 관심이 없습니다. 왜냐하면 자신이 이미 회심했다고 생각하기 때문입니다. 스스로가 이미 회심했다고 생각하는 사람에게, 회심이 필요하다고 가르치는 것은 너무나 어려운 일이지요.

이 부분에 관해서 우리에게 큰 교훈을 주는 책이 있습니다. 마틴 로이드존스의 『설교와 설교자』라는 책입니다. 로이드존스는 설교자들에게 말합니다. "청중들을 회심한 그리스도인으로 너무 쉽게 판단하지 말라."[1] 실제로 로이드존스는 성도들 다수가 회심하지 않았다고 간주하고, 매 주일 오후 청중들의 회심에 초점을 두고 설교했습니다.

어떤 성도들은 이 설교를 듣고 반감을 드러내기도 했습니다. 자신을 왜 구원받지 못한 죄인 취급하냐는 것이었습니다. 하지만 그와 달리 많은 성도가 이런 방식의 설교를 통해 놀라운 일을 경험했습니다. 성도들은 자신의 영적 상태에 대해서 진지하게 고민하게 되었습니다. 심지어 주위 모든 사람으로부터 경건한 그리스도인이라고 평가받는 어떤 사람은, 자신이 이제야 회심하게 되었다고 고백하기도 했습니다. 놀랍게도, 회심했다고 믿고 있던 사람들이 진정으로 회심하기 시작했습니다.

사실, 사람들이 회심을 경험하지 못했다가 그때 진정으로 회심했는지, 아니면 원래 회심한 사람이었는데 회심에 대한 확신을 그때 가지게 되었는지는 알 수 없습니다. 하지만 어떤 성도는 로이드존스에게 이렇게 말했다고 합니다. "목사님, 만약 제가 이전에 회심하지 않았다면 오늘 밤에 틀림없이 회심했을 겁니다."[2] 따라서 로이드존스는 이미 회심한 성도라도, 회심을 촉구하는 설교를 듣는 것이 유익하다고 말합니다. 로이드존스의 말을 들어 보십시오.

참된 신자가 죄의 심히 죄 됨을 드러내며 복음의 영광을 나타내는 설교를 듣고서도 다음과 같은 두 가지 반응을 보이지 않는다는 것을 저는 상상할 수가 없습니다. 그 한 가지는, 자기 마음의 무서운 병을 생각하면서 '내가 정말 그리스도인이 맞을까?'라는 느낌에 잠시 사로잡히는 것입니다. 그리고 또 한 가지는, 자신을 구원해 준 영광스러운 복음의 치료책 앞에 기뻐하는 것입니다.[3]

이처럼 회심에 대해 살펴보는 것은 모두에게 유익합니다. 만약 여기 계신 분들 중에 아직 회심하지 않은 분이 있다면, 영원한 삶이 달린 내용을 알게 될 것이니 말로 다할 수 없는 유익을 얻을 것입니다. 또한 이미 회심한 성도들이 있다면, 이 가르침을 통해서 자신의 영적인 상태를 더 진지하게 고민하게 될 것이고, 그 가운데 믿음이 더 굳건해질 것입니다. 그리하여 자신에게 한량없는 은혜를 베푸신 하나님께 더 큰 감사와 찬양을 드리게 될 것이니, 그 또한 크나큰 유익일 것입니다.

본론

회심의 전제 조건: 거듭남

본격적으로 회심에 대해서 살펴봅시다. 회심에는 전제 조건이 있습니다. 바로 '거듭남'입니다. 다른 말로 '중생'(重生)이라고도 합니다. 단어 그대로 거듭남이란 다시 태어나는 것, 새로운 영적 생명이 시작되는 것을 의미합니다.

우리는 원래 죄로 인해 죽은 자들이었습니다. 몸은 살아 있으나 영혼은 죽은 상태였습니다. 그런 우리에게 성령님이 찾아오셨습니다. 생명 그 자체이신 성령님이 우리에게 찾아오실 때, 영적으로 죽었던 우리는 살아납니다.[4] 부모로부터 생명을 얻어 태어나는 것이 첫 번째 태어남이라면, 성령님을 통해서 영적으로 다시 태어나는 것을 거듭남이라고 말합니다.

이 거듭남은 특징이 있습니다. 우리가 인식하거나 감지할 수 없다는 것입니다. 여러분 중에 어머니의 모태에서 생명이 시작되던 때를 기억하는 분이 있습니까? 아무도 없을 것입니다. 마찬가지로 우리가 성령님을 통해서 새로운 생명을 얻을 때도 그 거듭남을 인식하거나 느낄 수는 없습니다.[5]

거듭남과 회심

그렇다면 거듭남과 회심은 어떤 관계일까요? 앞서 말씀
드렸던 것처럼 거듭남은 인식할 수 없지만, 회심은 인식할
수 있습니다. 설명하자면 이런 것입니다. 생명이 잉태되면
반드시 세포 분열이 일어납니다. 변화가 일어난다는 말입니
다. 마찬가지로 거듭나서 영적인 생명이 시작되면 반드시
변화가 일어납니다. 거듭난 사람에게서 일어나는 이 변화를
우리는 '회심'이라고 부릅니다.

회심은 무엇이고 누구의 일인가?

회심에 대해서 구체적으로 살펴봅시다. 회심이라는 변
화는 무엇을 의미할까요? 회심의 정의는 "거듭난 사람이 회
개와 믿음으로 하나님을 향해 돌이키는 의식적인 행위"[6]입
니다. 이 정의가 보여 주는 것처럼 믿음과 회개의 삶을 사는
것이 회심입니다.

여기서 다시 한번 강조합니다. 성령님을 통해 거듭난 사
람만이 회심할 수 있습니다. 수정란이 되어야만 세포 분열
을 시작하듯이, 성령님을 통해 새로운 생명이 주어져야만
새 생명의 활동이 시작됩니다. 그러므로 거듭남과 회심 모

두 성령 하나님의 사역입니다.

하지만 회심은 우리의 일이기도 합니다. 부모로부터 생명을 받는 데는 우리의 힘이 전혀 필요 없습니다. 그러나 생명을 가지고 살아가는 것은 우리가 주체적으로 하는 일이지요. 마찬가지로 우리의 영적 생명이 시작될 때 우리는 아무런 관여를 할 수 없었습니다. 그러나 영적인 생명이 시작된 후에 우리는 믿음과 회개의 삶을 주체적으로 살아가야 합니다. 물론 성령께서 은혜를 주셔야, 믿고 회개할 수 있습니다. 하지만 믿고 회개하는 주체가 바로 우리 자신이라는 점에서, 회심은 우리의 일이라 불리기도 합니다.[7]

회심의 두 측면: 믿음과 회개

회심은 두 측면에서 살펴볼 때 보다 더 정확하게 이해할 수 있습니다. 회심의 첫 번째 측면은 '믿음'입니다. 성령님은 우리가 하나님을 믿고 그분께 나아가게 하십니다. 또한 회심의 두 번째 측면은 '회개'입니다. 성령님은 우리가 죄를 깨닫고 죄에서 떠나가게 하십니다.

이 내용을 어떻게 설명하는 게 좋을지 고민하다가 조나단 에드워즈라는 청교도가 떠올랐습니다. 에드워즈는 성령 하나님께서 우리의 영혼을 거듭나게 하실 때, 성도의 심령과 삶에 어떤 일이 일어나는지 성경에 근거하여 자세히 정리했습니다.[8] 지금부터 그의 저서인 『신앙감정론』의 도움을 받아 '하나님의 아름다움을 인식하는 감각'이라는 관점에서 회심의 두 측면을 정리해 보겠습니다.

하나님의 아름다움을 인식하는 감각

에드워즈는 성령님이 우리를 거듭나게 하시면 우리의 영혼에 큰 변화가 일어난다고 말합니다. 그 변화는 바로 새로운 감각이 생기는 것입니다.[9] 예를 들어 보겠습니다. 생명이 없는 존재는 아무것도 감각하지 못합니다. 시체는 감각이 없지요. 그러나 생명이 있는 모든 존재는 감각이 있습니다. 식물은 빛을 감각할 수 있습니다. 그래서 빛 쪽으로 잎을 폅니다. 동물은 더 많은 것을 감각합니다. 시각과 촉각이 있어서 더 많은 것을 느끼고 행동할 수 있습니다. 사람은 여기에 더해 훨씬 더 많은 것을 감각합니다. 동물들이 느끼지 못하는 수많은 감정까지 느낍니다. 특별히 어떤 것을 보고 아름답다고 느끼는 '미적 감각'도 가지고 있습니다.

원래 우리 영혼은 죽은 시체처럼 아무것도 느끼지 못했

습니다. 아무런 아름다움도 느끼지 못했습니다. 그러나 우리의 영혼이 다시 살아나게 되면, 영혼에도 새로운 감각이 생깁니다. 살아있는 사람이 아름다움을 느끼듯이, 우리의 영혼도 아름다움을 느끼기 시작합니다. 특별히 '하나님의 아름다움'을 느끼기 시작합니다.[10] 성도가 거듭날 때 생기는 '영적인 아름다움에 대한 감각'은 성도가 죄에서 떠나게 하고 하나님께 나아가게 합니다.

믿음: 영적인 아름다움을 감각하며 하나님께 나아감

하나님의 아름다움에 대한 감각이 어떤 역할을 하는지 자세히 살펴봅시다. 삼위일체 하나님은 영원 전부터 서로의 아름다움을 바라보며 사랑하셨습니다. 당연히 성령 하나님도 하나님의 아름다움을 바라보며 기뻐하시는 분입니다. 그런데 바로 그 성령님께서 우리의 영혼에 들어와 사십니다. 그렇게 되면 어떤 일이 일어날까요? 이제 우리도 성령님과 함께 하나님의 아름다움을 바라보게 됩니다.

성령님께서는 어떤 방식으로 우리가 하나님의 아름다움을 바라보게 하실까요? 다른 신비로운 방식이 아니라, 말씀을 통해서 하나님의 아름다움을 보여 주십니다. 선포되는 설교와 말씀을 통해 하나님이 얼마나 사랑스러운 분인지 깨닫게 하십니다. 그리하여 하나님께 더 가까이 나아가게 하십니다.

그 자체로 아름다우신 하나님

그렇다면 우리가 바라보게 되는 하나님의 아름다움이란 무엇일까요? 우선 하나님의 아름다움을 바라본다는 것은, 하나님이 나에게 '좋은 것을 주시기 때문에' 하나님께 호감을 느끼는 것을 의미하는 게 아닙니다. 하나님께서 '그 자체로' 아름다워 보이는 것을 의미합니다. 조금 생소할 수 있지만 차근차근 설명해 보겠습니다.

자녀에 대한 우리의 사랑을 한번 생각해 봅시다. 부모는 자녀가 이유 없이 사랑스럽게 보입니다. 자녀가 우리에게 어떤 선물을 주기 때문에 자녀가 사랑스러운 것이 아닙니다. 오히려 어린 자녀를 양육하는 일은 때로 지독하게 귀찮기까지 합니다. 하지만 부모는 자녀가 그 자체로 아름답고 사랑스럽게 보입니다. 또 저녁노을을 떠올려 보십시오. 노을이 우리에게 무엇인가를 잘해줘서 아름다운 것이 아닙니다. 그저 아름다우니까 아름다운 것입니다. 마찬가지로 거듭난 사람은 하나님께 무엇인가를 받아서 그분께 호감을 느끼는 게 아닙니다. 거듭난 성도에게는 하나님이 그 자체로 사랑스럽고 아름답게 느껴집니다.

죄가 없는 하나님의 아름다움과 그 크기

더 정확한 이유를 말하자면, 성도는 하나님이 '죄가 없는 분'이라서 아름답게 느낍니다.[11] 같은 표현으로 하나님이 '거룩한 분'이라서 하나님을 아름답게 느낍니다. 시력을 가진 사람은 불순물이 전혀 없는 맑고 투명한 강물을 바라보면서 아름답다고 느낍니다. 그러나 맹인은 맑고 투명한 강물 앞에 서 있어도 아름답다고 느끼지 못하지요. 마찬가지로 영적인 눈이 감겨 있는 사람, 즉 거듭나기 전의 사람은 죄가 없는 것이 얼마나 아름다운지 모릅니다. 그러나 거듭난 사람은 죄가 없는 맑고 순수한 존재를 바라보면서 아름답다고 느낍니다. 그렇다면 세상에서 죄가 없는 가장 순결한 분은 누구이십니까? 바로 하나님이십니다. 그래서 거듭난 자에게는 거룩하신 하나님이 가장 아름다워 보입니다.[12]

그렇다면 하나님은 얼마나 아름다울까요? 무한히 아름다우십니다. 하나님은 죄로 인해 더럽혀진 부분이 조금도 없으시고, 지극히 순수하게 아름다우십니다. 말하자면 하나님은 맑고 아름다운 바다와 같습니다. 우리가 죽는 날까지 그 바다 안에서 헤엄친다 할지라도, 그 아름다움을 다 만끽하지 못할 것입니다. 하나님은 성도가 이 땅에서 말씀을 통해서 하나님의 아름다움을 바라보고 누리게 하십니다. 그러나 그것으로는 하나님의 아름다움을 다 누릴 수 없습니다. 그래서 하나님은 성도를 영원한 천국으로 부르십니다. 그리하여 그곳에서 영원한 시간 동안, 결단코 질리지 않는, 하나님의 무한한 아름다움을 누리게 하십니다. 이처럼 하나님의 아름다움을 인식하게 된 성도는 이 땅에서부터 영원까지 하나님의 아름다움을 누리며 그분께 가까이 나아가게 됩니다.

예수님의 아름다움을 바라보며 믿음으로 나아가는 성도

특별히 하나님의 아름다움은 예수 그리스도 안에서 가장 분명하게 빛납니다. 예수님은 어떤 분이십니까? 죄가 없는 분이십니다. 죄를 단 한 번도 짓지 않은 가장 아름다운 인간이시자, 동시에 죄를 미워하시는 가장 아름다운 하나님이십니다. 그렇기에 예수님은 가장 아름다운 분이십니다.

예수님은 가장 아름다우시기에, 가장 높은 곳에 앉아 영광을 받으셔야 할 분입니다. 그러나 그분은 오히려 가장 낮은 곳으로 내려가셨습니다. 예수님은 가장 아름다우시기에, 가장 아름다운 찬송을 받기에 합당하신 분입니다. 그러나 그분은 가장 비열한 조롱과 모욕을 당하셨습니다. 예수님은 가장 아름다우시기에, 가장 큰 기쁨을 누리시기에 합당한 분이십니다. 그러나 그분은 가장 큰 슬픔과 고통을 당하셨습니다.

도대체 왜 이런 일을 당하셨습니까? 바로 죄인들을 구원하시기 위해서입니다. 지옥에 떨어져야 마땅한 추악한 죄인들을 구원하시려고, 죄가 없으시고 아름다우신 예수님이 십자가에서 그 모든 고통을 당하신 것입니다. 가장 높은 곳에서 영광과 찬송과 기쁨을 누리셔야 할 분이, 가장 낮은 십자가에서 비참과 조롱과 고통을 당하셔야 했습니다.

예수님께서 얼마나 아름다우신지 아는 사람은, 그분이 지신 십자가가 너무나 부당하게 보입니다. 죄 가득한 자신이 지옥에 가는 것은 당연한 일이지만, 죄 없는 예수님이 지옥의 고통을 당하신 것은 말도 안 되는 일입니다. 존귀와 영광을 받기에 합당하신 그분이, 어찌하여 십자가에서 심판을 당하셨는지 이해가 되지 않습니다. 예수님의 아름다움을 진정으로 아는 사람에게는, 십자가의 은혜가 도무지 이해할 수 없는 신비로 다가옵니다.

바로 그 신비 가운데, 거듭난 성도는 예수님이 얼마나 아름다우신 분인지 더 분명하게 알게 됩니다. 그분이 얼마나 아름다운 성품을 가지셨는지 깨닫습니다. 얼마나 아름다운 분이 자신을 위해 죽어주셨는지 알기에 송구스러워합니다. 얼마나 부당한 비참함을 경험하셨는지 알기에 그저 황송해 합니다. 그 사랑과 희생이 믿을 수 없이 크기에, 사랑하지 않을 수 없어 사랑합니다. 사랑한다는 말로는 다 표현할 수 없는 마음으로 예수님을 사랑하게 됩니다.[13] 그렇게 아름다우신 예수님을 사랑하게 된 성도는, 예수님께 날마다 더 가까이 나아가고자 합니다.

회심의 첫 번째 측면 정리

바로 이것이 회심의 첫 번째 측면인 믿음에 관한 설명입니다. 믿음이란, 하나님의 아름다움을 바라보며 그분께 나아가는 것입니다. 성령님을 통해 아버지 하나님과 아들 예수 그리스도의 아름다움을 바라보며, 날마다 그 아름다움을 더 깊이 누리며, 하나님께 더 가까이 나아가는 것입니다.

회개: 죄의 혐오스러움을 바라보며 죄에서 돌이킴

이어서 회심의 두 번째 측면인 회개에 대해서 살펴봅시다. 회개는 '전인격이 죄로부터 돌이키는 것'[14]입니다. 이 회개 또한 하나님의 아름다움을 통해서 설명할 수 있습니다. 하나님의 아름다움을 바라보며 하나님께 나아가는 것이 믿음이라면, 그 반대로 죄의 혐오스러움을 바라보며 죄에서 떠나는 것이 회개입니다.

거듭나지 않은 사람이 죄를 바라보는 시선

거듭난 사람은 죄가 얼마나 역겹고 혐오스러운 것인지 알지만, 거듭나지 않은 사람은 죄의 실체를 정확히 파악하지 못합니다. 먼저 거듭나지 않은 사람들이 죄를 어떻게 바라보는지 생각해 봅시다. 그들이 죄를 싫어하는 이유는 주로 죄가 주는 죄책감이나 고통 때문입니다. 죄를 지을 때 찾아오는 괴로운 감정이 싫은 것입니다. 또는 죄를 지으면 지옥에 가서 고통받는다고 생각하기 때문에 죄짓는 것을 두려워합니다.

다른 종교를 가진 사람들을 생각해 보십시오. 그들 중에는 작은 잘못에도 크게 죄책감을 느끼는 사람들도 있습니다. 또 이단들을 생각해 보십시오. 그들은 지옥에 떨어지기 싫어서 교주를 따릅니다. 거듭나지 않은 사람들도 죄가 주는 죄책감이나 죄로 인한 고통 때문에 죄를 싫어할 수 있다는 말입니다. [15)](#)

거듭난 사람이 죄를 바라보는 시선

그렇다면 거듭난 사람은 죄를 어떻게 바라볼까요? 거듭난 사람도 죄가 주는 죄책감이나 고통을 싫어합니다. 하지만 궁극적으로는 다른 이유로 죄를 싫어하고 혐오합니다. 죄란 하나님의 말씀에 불순종하거나 부족한 것입니다. [16)](#) 다르게 표현하면 죄란 하나님에 대한 적개심을 가지고 그분을 모욕하고 무시하고 조롱하는 것입니다.

앞서 살펴본 것처럼, 거듭난 사람은 하나님이 아름다우시고 사랑스러우시다는 것을 압니다. 하나님께 가장 어울리는 것이 영광과 존귀와 찬송이라는 것을 압니다. 그런데 죄는 바로 그 아름다우신 하나님을 모욕하고 조롱하는 것입니다. 사랑스러운 하나님께 결코 하지 말아야 할 일을 하는 것이 바로 죄입니다.

여러분이 가장 사랑하는 사람을 떠올려 보십시오. 우리

눈에 가장 아름다워 보이는 아내나, 가장 사랑스러워 보이는 자녀를 떠올려 보십시오. 누군가가 우리의 가족들을 모욕하고, 가족들에게 오물을 던지고, 위협하고 조롱하는 행동을 한다면 어떤 마음이 들겠습니까? 그 모든 행동이 혐오스럽게 보일 것입니다. 거듭난 성도의 눈에 죄가 바로 그렇게 보입니다. 죄는 가장 아름다우시고 사랑스러우신 하나님을 모욕하고, 그분께 오물을 던지고 조롱하는 행동입니다. 그러므로 거듭난 사람은 그런 죄를 혐오스러워하고 역겨워합니다.

이런 경우를 생각해 보십시오. 우리가 가족들을 태우고 운전하고 있습니다. 그런데 누군가가 음주 운전을 해서 우리 차를 들이받았습니다. 그러면 우리는 음주 운전자에게 분노하지 않겠습니까? 왜 분노합니까? 내 소중한 '차'에 손해를 입혔기 때문에 분노합니까? 아닙니다. 차와는 비교할 수 없이 더 소중한 내 '가족들의 생명'을 위협했기 때문에 분노합니다. 마찬가지입니다. 거듭난 사람은 죄가 단순히 자신에게 죄책감을 주거나, 고통을 주기 때문에 죄를 미워하는 것이 아닙니다. 나 자신보다 무한히 더 소중하신 하나님을 대적하는 행위이기 때문에 죄를 미워합니다. 바로 이것이 거듭난 자가 죄를 바라보는 시선입니다.

죄에서 떠나는 성도

심지어 죄를 짓는 당사자가 누구입니까? 바로 거듭난 성도 자신입니다. 거듭난 성도는 하나님이 무한히 아름다우시고, 찬양과 영광을 받기에 합당하시다는 것을 압니다. 하나님을 사랑합니다. 그런데도 성도는 하나님을 조롱하고 대적하는 죄를 날마다 짓습니다. 자신이 하나님을 사랑하면서도, 동시에 그분을 모욕하는 죄를 짓는다는 사실에 괴로워하고 슬퍼합니다. 하나님을 사랑하지 않는 사람들이나 하는 짓을 자신이 저지르고 있다는 사실에 고통스러워합니다.

그런 괴로움을 느끼면서 성도는 점점 더 죄를 미워하고 혐오스러워하게 됩니다. 죄에서 떠나고 싶어 합니다. 삶 속에서 작은 죄 하나까지도 떨쳐버리고 싶어 합니다. 날마다 기도하는 가운데 죄에서 떠나게 해달라고 성령님께 간구합니다. 그런 과정에서, 성도는 실제로 죄에서 점점 멀리 떠나게 됩니다. 바로 이것이 회심의 두 번째 측면입니다. 죄의 혐오스러움을 올바르게 인식하고, 그 죄에서 떠나는 것이 회개입니다.

참된 회심은 단 한 번, 회심의 양태는 다양하게

이제 회심의 두 측면을 정리해 봅시다. 하나님의 아름다움을 인식하게 된 성도가, 믿음으로 하나님께 나아가며 회개로 죄에서 떠나는 것이 회심입니다. 그렇다면 이 회심은 평생 몇 번 일어날까요? 거듭난 사람은 곧바로 회심합니다. 따라서 엄밀한 의미에서 회심은 단 한 번입니다.[17] 그런데 기억해야 할 점이 있습니다. 회심이 일어나는 양태가 다양하다는 것입니다. 누군가는 거듭난 순간 회심을 극적으로 체험하지만, 또 누군가는 회심을 점진적으로 경험합니다.

갓 태어난 아기를 생각해 보십시오. 아기는 태어나면 곧 눈을 뜹니다. 그러나 아직 시력이 완전하지 않아서 사물을 온전하게 인식하는 데 시간이 걸립니다. 마찬가지로 거듭난 사람이라 할지라도, 영적인 아름다움을 분명하게 인식하는 데 시간이 걸릴 수 있습니다. 그렇게 날마다 조금씩 믿음과 회개의 삶에서 자라가는 성도들도 있습니다.[18]

반면에 어떤 사람은 거듭나는 순간 극적인 회심을 경험합니다. 대표적으로 사도 바울이 그랬습니다. 바울은 거듭나는 그 순간 예수님의 찬란한 아름다움을 분명하게 바라봤습니다. 그래서 곧바로 추악한 죄들을 떠나 회개하며, 아름다우신 하나님께 나아가는 삶을 살았습니다. 이처럼 회개의 양태는 다양합니다.

다시 회심하는 듯한 경험

여기서 궁금증이 생깁니다. 한 번 회심한 사람은 항상 믿음과 회개의 삶을 살아갈까요? 그렇지만은 않습니다. 회심한 사람이라 할지라도 다시 그 눈이 어두워지기도 합니다. 마치 깜깜한 안개 속을 지나가는 것처럼 말입니다. 밧세바를 범한 다윗이 그 예입니다. 다윗은 큰 범죄로 인해서 영적인 눈이 매우 어두워졌습니다. 그래서 회개와 믿음으로 하나님께 나아가지 않는 삶을 살았습니다.

하지만 성령님은 어두워진 다윗의 눈을 다시 밝히셨습니다. 다윗의 눈을 가리고 있던 안개를 걷어 주셨습니다. 다윗의 눈이 다시 밝아졌을 때, 그는 마치 처음 극적인 회심을 경험하는 듯이 행동했습니다. 죄의 추악함에 대해서 처절하게 회개하고, 아름다우신 하나님께 나아갔습니다. 하지만 그렇다고 해서 다윗이 회심을 두 번 한 것은 아닙니다. 다만 그동안 어두워져 있었던 눈이 다시 밝아져, 마치 처음 회심하는 듯이 반응했던 것뿐입니다. 앞서 살펴본 것처럼 진정

한 회심은 거듭날 때 단 한 번 일어납니다. [19]

회심의 열매 1: 겸손 [20]

이제 한 걸음 더 나아가 봅시다. 하나님의 아름다움을 바라보는 사람은 어떤 삶을 살아가게 될까요? 먼저 그 삶에는 '참된 겸손'이 드러납니다. 여러분은 '겸손'이라는 단어를 들으면 어떤 모습이 떠오릅니까? 사람들 앞에서 자신을 낮추는 행동이 떠오르는 분들이 많을 것입니다. 물론 그것도 겸손의 한 모습일 수 있습니다. 그러나 하나님의 아름다움을 아는 사람은 그보다 더 깊은 차원의 겸손으로 살아갑니다.

예를 들어 보겠습니다. 하나님의 아름다움을 높이로 표현한다면, 하나님은 무한히 높으신 분입니다. 반대로 우리의 추함을 높이로 표현한다면, 우리는 무한히 낮은 자들입니다. 하나님의 그 높고 무한한 아름다움을 바라보게 된 사람은, 동시에 자기 자신이 얼마나 낮고 추한 존재인지를 깨닫게 됩니다.

이런 과정 가운데 성도는 진정으로 겸손해집니다. 여기서 중요한 점은 일부러 스스로 낮추는 게 아니라는 것입니다. 원래는 고귀한 사람이 스스로 낮추는 것은 겸손이 맞습니다. 그런데 원래부터 비천한 사람이 스스로 낮추는 것은 겸손이 아니라 당연한 일입니다. 오히려 비천한 사람이 높은 체하는 게 교만이지요.

하나님의 아름다움과 자신의 추함에 눈을 뜬 성도는, 비천한 자신이 그동안 얼마나 높은 체하며 교만하게 살았는지 깨닫게 됩니다. 그래서 이제 그러한 교만을 부끄러워하며, 하나님 앞에서 비천하고 낮은 자답게 살아갑니다. 이것이 바로 진정한 겸손입니다.

참된 겸손의 좋은 예시가 이사야서에 나타납니다.[21] 이사야 선지자는 하나님의 영광을 바라보았습니다. 그때 어떤 반응을 보였습니까? "화로다 나여, 망하게 되었도다!"라고 외쳤습니다. 왜 그랬을까요? 하나님의 아름다움을 바라본 순간, 자신이 얼마나 추한지가 분명하게 보였기 때문입니다. 비천한 자신이 얼마나 높은 체하며 살았는지 깨달았기 때문입니다. 그래서 겸손하게 하나님 앞에 엎드릴 수밖에 없었던 것입니다.

정리하면, 하나님의 무한히 높은 아름다움을 바라본 사람은, 무한히 추한 자신의 처지를 똑바로 바라보게 됩니다. 그동안 자신이 하나님과 사람 앞에서 얼마나 높은 체하며 교만하게 살았는지 깨닫습니다. 그 결과 진정으로 자신의 낮음을 아는 겸손한 사람이 됩니다. 회심한 성도의 삶에서 나타나는 열매 중 하나는 참된 겸손입니다.

회심의 열매 2: 모든 말씀을 사랑하고, 말씀대로 행하려 함[22]

또 한 가지의 열매를 살펴보겠습니다. 거듭남을 통해서 영적인 아름다움을 감각하게 된 사람은 하나님만 아름다워 보이지 않습니다. 아름다우신 하나님께서 하시는 모든 말씀을 다 아름답게 느낍니다. 그래서 모든 말씀을 사랑하는 자가 됩니다.

여기서 강조점은 '모든'에 있습니다. 진정으로 거듭난 사람은 몇몇 성경 구절만 좋아하지 않습니다. 어떤 사람들은 하나님이 자신을 도와주신다거나, 구원해 주신다는 말씀만 좋아합니다. 그러나 거듭난 성도는 하나님이 심판하신다는 말씀까지도 사랑합니다. 왜입니까? 하나님의 심판 속에서도 하나님의 거룩하심과 아름다우심이 드러나기 때문입니다. 따라서 회심한 사람은 모든 말씀 즉, 전체 말씀을 다 사랑합니다.[23]

회심한 사람들은 말씀을 사랑할 뿐만 아니라 말씀대로

행합니다. 왜냐하면 말씀이 가르치는 삶의 방식이 가장 아름답게 보이기 때문입니다. 참으로 거듭난 사람은 세상의 방식을 사랑하지 않습니다. 하나님의 방식, 말씀의 방식을 가장 사랑합니다.

사실 오늘 강의를 준비하게 된 이유가 바로 이 부분 때문입니다. 우리는 선포되는 말씀과 여러 강의를 통해 우리가 마주한 삶의 문제에 대한 답을 듣습니다. 하나님의 방식, 말씀의 방식으로 세상을 살아가는 것이 무엇인지 듣습니다. 그런데 그 말씀의 방식이 아름다워 보이지 않으면 강의와 설교가 아무런 효과가 없습니다. 말씀의 방식을 아름답게 느끼지 못하는 사람은, 말씀이 가르치는 방식대로 살지 않기 때문입니다. 말씀의 방식을 아름답게 보고 느끼는 사람만이 말씀의 방식대로 살아갑니다.

기억하십시오. 거듭난 성도는 성경이 분명하게 답을 제시할 때 그 말씀의 방식이 가장 아름다워 보입니다. 그래서 말씀이 가르치는 대로 살아갑니다. 혹 넘어지더라도 다시 일어나서 그 말씀의 길과 방식을 따라 걸어갑니다. 바로 이것이 회심한 사람의 삶에 나타나는 열매입니다. 회심한 사람들은 모든 말씀을 사랑하고, 그 말씀대로 행합니다.

우리는 회심한 자인가?

지금까지 우리는 하나님의 아름다우심에 근거해서 회심이 무엇인지, 회심한 사람의 열매가 무엇인지 살펴보았습니다. 이제 가장 중요한 질문을 하나 드립니다. 여러분은 회심했습니까? 우리는 하나님의 무한한 아름다움을 바라보고, 믿음으로 하나님께 나아가고 있습니까? 죄의 무한한 추악함을 바라보고, 그 추악한 죄에서 돌이키고 있습니까?

어떤 분들은 이 질문 앞에서 선뜻 대답하기 어려울 수 있습니다. 만약 여러분이 영적으로 좋지 않은 상태에 있다면, 이미 회심한 성도라 하더라도 확신하지 못하는 것이 정상입니다. 두려움과 슬픔이 찾아오는 것이 정상입니다. 사실 저도 이 강의를 준비하면서 저의 회심에 대해 진지하게 고민했습니다. 그래서 기도했습니다. 하나님의 아름다움을 분명하게 바라보게 해 주시기를, 또 죄를 혐오스러워하게 해 주시기를 말입니다. 여러분은 어떠십니까? 자신을 스스로 진지하게 돌아보시기를 바랍니다. 여러분의 영원한 생명이 걸린 이 문제를 가볍게 여기지 마시기를 당부드립니다.

주의점

지금까지 우리의 영혼에서 일어나는 일에 대해서 자세히 살펴보았습니다. 이런 내용을 살펴보고 나면, 우리는 다른 사람들을 판단하고 싶은 욕망에 사로잡히게 됩니다. "저 사람은 거듭나지도, 회심하지도 않은 것 같아!" 하고 말이지요.

하지만 여러분, 꼭 기억하십시오. 우리는 다른 사람들의 영혼에서 일어나는 일에 대해서는 정확하게 알 수 없습니다. 우리는 다른 사람들의 영혼을 꿰뚫어 보지 못합니다. 그러므로 우리는 결코 다른 사람을 쉽게 판단해서는 안 됩니다. 단, 우리는 딱 한 사람의 영혼에서 일어나고 있는 일은 자세히 알 수 있습니다. 누구일까요? 바로 우리 자신입니다.

오늘 살펴본 거듭남과 회심에 관한 가르침은, 우리 자신이 하나님의 아름다움을 바라보고 있는지, 또 죄의 추악함을 바라보고 있는지를 살펴보는 기준입니다. 나 자신이 하나님의 아름다움에 깊이 매료되어 있는지 확인하는 기준입니다. 어떤 사람들은 다른 사람들이 회심했는지에 대해서 지나치게 관심을 가지다가 교회에 큰 해를 끼치기도 합니다. 그러므로 다시 강조합니다. 이 내용들을 자신의 영혼을 깊이 살펴보는 데에만 사용하시기 바랍니다.

다만, 예수님께서는 교회를 세우시면서 직분자들에게 성도들의 영혼을 돌보게 하셨습니다. 그러므로 말씀 사역자들이 설교를 준비할 때, 장로들이 심방할 때, 회심에 관한 내용으로 여러분의 영혼을 점검해 보게 할 수 있습니다. 때로는 아주 조심스럽게 여러분의 영혼을 진단하고 답을 제시하기도 할 것입니다.

설교자는 여러분을 건져 주실 수 있는 유일한 분에게 손을 뻗으라고 말씀 가운데 외칠 것입니다. 목사와 장로는 심방을 통해서 권면과 책망의 말씀으로 여러분을 살리려 할 것입니다. 그때마다 자신의 영혼을 진지하게 돌아보시기 바랍니다. 성령님께서는 그러한 목양 과정을 통해서 여러분의 영혼을 거듭나게도 하시며, 회복시키기도 하실 것입니다. 직분자들은 성령께서 그 일을 이루심을 확신하며 맡겨진 목양을 신실하게 감당해야 할 것입니다.

회심하지 않은 것처럼 느껴지는 사람들이 해야 할 일 1

이제 마지막으로, 자신이 회심하지 않은 것처럼 느껴질

때 어떻게 해야 하는지 살펴보겠습니다.[24] 여러분이 만약 물에 빠졌다면 어떻게 하겠습니까? 물에서 건져줄 수 있는 사람을 바라보며 살려 달라고 소리칠 것입니다. 그렇다면, 여러분이 회심하지 않은 것 같다면 어떻게 해야 할까요?

첫째, 말씀 선포의 자리로 나아와야 합니다. 설교는 마치 수술 도구와 같습니다. 성령님은 설교를 사용하셔서 우리를 수술하십니다. 우리를 살리시고, 우리의 눈을 열어 하나님의 아름다움을 보게 하십니다. 맹인들이 예수님의 말씀을 들었을 때 그 눈이 떠졌습니다(마 9:29-30). 마찬가지로 영적 맹인들이 눈을 뜰 수 있는 유일한 방법은 설교단에서 선포되는 예수님의 말씀을 듣는 것입니다.

설교자들은 거듭나지 않은 사람들이 거듭나기를 바라면서 설교를 준비합니다. 모든 청중이 아름다우신 예수님을 간절히 바라보기를 소망하면서 말씀을 선포합니다. 물론 예수님의 그 무한한 아름다움을 유한한 언어로 표현하려고 하니 늘 괴롭습니다. 예수님이 얼마나 아름다우신지 충분히 전달하지 못하는 것 같아 속상합니다. 또는 죄가 얼마나 혐오스러운지 온전히 다 드러내지 못하는 것 같아서 답답합니다.

하지만 성령께서 말씀 선포의 미련한 것으로 역사하시기를 기도하며 전할 뿐입니다. 실제로 성령님은 교회 역사 속에서 바로 그 미련한 설교를 통해서 사람들이 거듭나고 회심하도록 역사해 오셨습니다. 따라서 매주 우리 교회에서 선포되는 말씀 가운데서도 거듭남과 회심의 역사가 일어날 것입니다. 그러니 믿음으로 말씀 앞으로 나아오십시오. 하나님의 아름다움을 보게 해달라고 간구하십시오. 바로 이것이 아직 회심하지 않았다고 느끼는 사람들이 해야 할 일입니다.

회심하지 않은 것처럼 느껴지는 사람들이 해야 할 일 2

둘째, 홀로 기도하면서도 말씀을 읽어야 합니다. 설교뿐만 아니라 기록된 하나님의 말씀 또한 우리의 회심을 위한 좌우에 날 선 검입니다. 중세 교부 아우구스티누스도 성경을 집어 들고 읽다가 회심했다고 알려져 있습니다. 그러므로 자신이 회심하지 않은 것처럼 느껴지는 사람들은 성경을 펴 읽으십시오. 하나님의 아름다움을 느끼지 못하고 있는 분들이 있다면, 성경을 펴 읽으십시오.

특별히, 성경을 읽기 전에 기도하십시오. "하나님의 아름다움을 보게 하시는 성령이시여, 이 시간 우리의 영적인 눈을 여셔서 하나님과 그 아들 예수 그리스도의 아름다움을 보게 하소서!"라고 말입니다. 그 기도를 들으신 성령님께서, 우리의 눈을 열어 하나님의 아름다움과 죄의 추함을 보게 하실 것입니다.

그 외에 해야 할 일

그 외에도 직분자들이 심방할 때, 자신의 영적인 상황에 대해서 진솔하게 토로하고 도움을 구하십시오. 성도의 교제 가운데, 자신의 영적 상태에 관해 이야기하며 기도를 요청하십시오. 우리가 회심에 합당한 삶을 살기를 소망하며 기도하면, 성령께서는 우리의 어두워진 눈을 다시 밝혀 주실 것입니다. 다시금 그분의 아름다움을 바라보며 믿음과 회개의 삶을 살게 하실 것입니다.

결론

정리하며 마무리하겠습니다. 오늘 우리는 거듭남과 회심에 관해서 살펴보았습니다. 우리는 성령님으로 말미암아 거듭납니다. 이 거듭남 자체는 우리가 인식할 수 없습니다. 하지만 거듭남은 우리에게 놀라운 변화를 불러옵니다. 거듭난 사람은 성령님으로 말이암아 하나님의 아름다움을 인식하기 시작합니다. 하나님의 아름다움을 인식하며 살아가는 것을 '회심'이라고 부릅니다.

하나님의 아름다움을 인식하는 성도는, 아름다우신 하나님께 날마다 더 가까이 나아갑니다. 이것이 회심의 첫 번째 측면인 '믿음'입니다. 또한 거듭난 사람은 아름다우신 하나님을 모욕하는 죄를 혐오합니다. 그래서 날마다 죄를 떠납니다. 이것이 회심의 두 번째 측면인 '회개'입니다.

어떤 사람들은 회심의 두 측면이 극적으로 나타나기도 하지만, 또 다른 사람들은 회심의 두 측면이 점진적으로 나타나기도 합니다. 우리는 이 기준들을 잘 헤아려야 합니다. 그래서 다른 사람을 판단하지 말아야 하고, 오직 우리 자신을 점검하고 판단해야 합니다.

혹시 아직 하나님의 아름다움을 한 번도 경험하지 못했거나, 아니면 현재 하나님의 아름다움을 누리지 못하고 있는 분들이 계십니까? 하나님께서 우리를 거듭나게 하시고 회심하게 하시기를 간구하며, 말씀이 선포되는 자리에 나아가십시오. 기도하는 가운데 말씀을 읽으십시오. 성령께서는 우리를 거듭나게 하시고, 우리의 눈을 열어 하나님의 무한한 아름다움을 바라보게 하실 것입니다. 지금부터 영원까지 하나님의 아름다우심을 충만히 바라보는 복이 우리 모두에게 있기를 간절히 소망합니다.

2장
하나님의 얼굴을 가리는 죄,
우리의 눈을 멀게 하는 죄

– 죄에 대하여

권오성

[이사야 59장 1-12절]

여호와의 손이 짧아 구원하지 못하심도 아니요, 귀가 둔하여 듣지 못하심도 아니라. 오직 너희 죄악이 너희와 너희 하나님 사이를 갈라놓았고, 너희 죄가 그의 얼굴을 가리어서 너희에게서 듣지 않으시게 함이니라. 이는 너희 손이 피에, 너희 손가락이 죄악에 더러워졌으며, 너희 입술은 거짓을 말하며 너희 혀는 악독을 냄이라. 공의대로 소송하는 자도 없고 진실하게 판결하는 자도 없으며, 허망한 것을 의뢰하며 거짓을 말하며, 악행을 잉태하여 죄악을 낳으며, 독사의 알을 품으며 거미줄을 짜나니, 그 알을 먹는 자는 죽을 것이요 그 알이 밟힌즉 터져서 독사가 나올 것이니라. 그 짠 것으로는 옷을 이룰 수 없을 것이요, 그 행위로는 자기를 가릴 수 없을 것이며, 그 행위는 죄악의 행위라. 그 손에는 포악한 행동이 있으며 그 발은 행악하기에 빠르고, 무죄한 피를 흘리기에 신속하며 그 생각은 악한 생각이라. 황폐와 파멸이 그 길에 있으며, 그들은 평강의 길을 알지 못하며, 그들이 행하는 곳에는 정의가 없으며 굽은 길을 스스로 만드나니, 무릇 이 길을 밟는 자는 평강을 알지 못하느니라. 그러므로 정의가 우리에게서 멀고 공의가 우리에게 미치지 못한즉, 우리가 빛을 바라나 어둠뿐이요, 밝은 것을 바라나 캄캄한 가운데에 행하므로, 우리가 맹인같이 담을 더듬으며 눈 없는 자같이 두루 더듬으며 낮에도 황혼 때같이 넘어지니, 우리는 강장한 자 중에서도 죽은 자 같은지라. 우리가 곰같이 부르짖으며 비둘기같이 슬피 울며, 정의를 바라나 없고 구원을 바라나 우리에게서 멀도다. 이는 우리의 허물이 주의 앞에 심히 많으며 우리의 죄가 우리를 쳐서 증언하오니, 이는 우리의 허물이 우리와 함께 있음이니라. 우리의 죄악을 우리가 아나이다.

서론

지난주 강의와의 연속성

지난 강의에서 살펴본 것처럼, 거듭난 사람들은 하나님께서 아름답다는 것을 압니다. 죄 없으신 하나님의 아름다움을 바라보고 그분을 찬양합니다. 동시에 아름다운 하나님을 모욕하는 죄가 너무나 혐오스럽게 느껴집니다. 그렇다면 여기서 한 가지 질문을 할 수 있습니다. 성도가 죄를 지을 때 하나님은 어떻게 느끼실까요? 오늘 말씀을 통해서 우리는 이 질문에 대한 답을 알 수 있습니다.

백성들의 불평 섞인 질문

오늘 본문은 남 유다 백성들을 향한 이사야 선지자의 말씀입니다. 당시 백성들은 하나님을 열심히 섬겼습니다. 율법을 연구하면서 하나님을 알려고 애썼습니다. 율법을 지키려고 노력했고 부지런히 기도했습니다. 심지어 금식하며 기도하는 가운데 하나님께 나아가고자 했습니다(사 58:1-3).

그런데 이상하게도 하나님께서는 그 모든 행동을 기뻐하시지 않았습니다. 백성들이 하나님께 나아가도 그들을 외면하셨습니다. 백성들의 기도에 응답하시지 않았습니다. 그들에게 하나님의 아름다운 얼굴 빛을 비춰주시지 않았습니다. 백성들에게는 하나님께서 멀리 계시는 것 같았습니다. 그들에게 관심이 없는 것처럼 느껴졌습니다. 그래서 그들은 하나님께 불평했습니다. "하나님, 하나님께서 너무나 멀리 계신 것처럼 느껴집니다. 우리에게 관심이 있으신 게 맞습니까?"

우리의 질문

우리도 오늘 본문의 백성들처럼 느낄 때가 있습니다. '매주일 공예배에 꼬박꼬박 참석하고 있는데, 왜 하나님이 이렇게 멀게 느껴질까?' 하고 말입니다. 지난 강의를 통해서 하나님이 아름답다는 것을 들었지만, 왜 우리에게는 여전히 하나님의 아름다움이 잘 보이지 않는 것일까요? 하나님의 아름다우심을 보여 달라고 기도하는데도 왜 그대로일까요?
오늘 본문을 통해서 그 대답을 함께 살펴보기를 원합니다.

첫 번째 교훈입니다.
죄는 하나님의 아름다운 얼굴을 가립니다.

백성들의 오해

오늘 본문의 백성들은 하나님을 열심히 찾았지만, 기도
응답을 경험하지 못했습니다. 주변 국가들이 유다 왕국을
위협하는 상황에서 아무런 변화가 일어나지 않았습니다. 율
법에 기록된 대로 열심히 실천했지만, 하나님께서 그들에게
아무런 반응도 해 주시지 않았습니다. 그런 시간들 속에서
백성들은 하나님이 자신들에게 관심이 없다고 생각했습니
다. 하나님이 자신들에게 귀를 닫고 계신다고 여겼습니다.
심지어 하나님은 능력이 없으신 게 아닌가 하며 의심하기도
했습니다.

이사야 선지자는 백성들의 불평에 대해 분명하게 대답
합니다. 1절입니다. "여호와의 손이 짧아 구원하지 못하심
도 아니요, 귀가 둔하여 듣지 못하심도 아니라." 그들의 생

각이 틀렸다고 너무나 분명하게 답합니다. 하나님이 능력이 없어서 그들을 구원하시지 않거나, 하나님이 귀가 둔하여서 그들의 기도를 듣지 못하시는 것이 아니라고 말씀합니다.

죄 때문에!

그렇다면 도대체 왜 하나님은 백성들의 기도에 응답하시지도, 그들을 구원해 주시지도 않는 것일까요? 이사야는 대답합니다. 2절을 보십시오. "오직 너희 죄악이 너희와 너희 하나님 사이를 갈라놓았고, 너희 죄가 그의 얼굴을 가리어서 너희에게서 듣지 않으시게 함이니라." 백성들이 기도해도 하나님이 반응하시지 않은 이유는 다름 아닌 그들의 '죄' 때문이라고 말씀합니다.

죄란?

여기서 우리는 죄가 무엇인지 분명하게 알게 됩니다. 2절의 표현에 따르면 "너희와 너희 하나님 사이를 갈라놓"는 것이 죄입니다. 하나님과 우리 사이를 멀어지게 하는 것이 죄라는 말입니다. 죄가 어떤 식으로 하나님과 우리 사이를 갈라놓습니까? 2절 말씀을 다시 보십시오. "... 너희 죄가 그의 얼굴을 가리어서 너희에게서 듣지 않으시게 함이니라." 죄는 백성들을 향한 하나님의 얼굴을 가립니다.

여기서 얼굴을 가린다는 표현에 주목해 보십시오. 이 표현은 '불쾌해서 얼굴을 돌린다'는 표현입니다. 우리가 TV를 볼 때 가끔 끔찍하고 혐오스러운 장면이 갑자기 나올 때가 있습니다. 그러면 어떻게 합니까? 재빨리 얼굴을 돌리고 거기서 나오는 소리도 듣기 싫어합니다. 죄가 바로 그런 것입니다. 하나님은 죄를 너무나 혐오스러워하십니다. 그래서 죄가 있는 곳에서 얼굴을 돌리십니다. 죄 가운데 드리는 기도 소리도 듣지 않으십니다. 그렇게 죄는 하나님과 우리 사이를 갈라놓습니다.

용서하셨지만 얼굴을 돌리시는 이유

그런데 여기서 한 가지 질문이 생깁니다. 하나님은 분명 백성들의 죄를 다 용서해 주신 분입니다. 영원한 제사장이신 예수 그리스도의 십자가 사역은, 구약과 신약 모든 백성에게 유효합니다. 그렇다면 하나님은 어떤 상황에서든지 그들에게 사랑의 얼굴 빛을 비춰주셔야 하지 않을까요? 왜 하나님은 죄짓는 백성들에게서 얼굴을 돌리실까요?

예를 들어 설명해 보겠습니다. 이사야서에 따르면 하나님은 그 백성들의 남편이십니다(사 54:5).[25] 백성들을 신실하게 사랑하는 남편이십니다. 백성들을 이미 다 용서하셨고, 앞으로도 절대로 백성들을 버리지 않으시며, 백성들만을 사랑하는 남편이십니다. 최고의 남편이시지요. 그런데 그분의 아내 된 백성들이 죄를 짓습니다. 하나님이 아닌 다른 것들을 남편으로 삼습니다. 그때 하나님이 백성들에게 어떻게 하시는 것이 합당합니까? 하나님은 사랑이 넘치시는 분이니까, 무조건 사랑스러운 얼굴로 자신의 아내 된 백성들을 바라봐 주셔야 할까요?

그렇지 않습니다. 하나님이 정말로 백성들을 사랑하는 남편이시라면, 아내 된 백성들이 다른 것들을 남편처럼 여길 때 화를 내셔야 마땅합니다. 백성들이 불러도 대답하지 않으시고, 백성들을 떠나버린 것처럼 행동하시는 것이 마땅합니다. 그렇게 하셔야만, 아내 된 백성들이 자신의 죄를 깨달을 수 있기 때문입니다.

좋은 예가 시편 51편에 잘 나타납니다. 51편은 다윗이 밧세바를 범한 후 징계를 받을 때 기록한 시편입니다. 하나님께서는 큰 죄를 저지른 다윗에게서 얼굴을 돌리셨습니다.

그래서 다윗은 마치 하나님이 자신을 떠나버리신 것처럼 느꼈습니다. 경건 생활에 힘쓰고 있지만, 하나님의 아름다우심을 거의 바라보지 못했습니다. 이렇게 하나님께서 그 얼굴을 가리시자, 다윗은 너무나 고통스러웠습니다. 그래서 다윗은 제발 다시 구원의 즐거움을 회복시켜 달라고 간절히 기도했습니다.

마찬가지입니다. 하나님은 예수 그리스도 안에서 백성들의 죄를 이미 다 용서하셨습니다. 그리하여 백성들의 영원한 남편이 되셨습니다. 그러나 백성들이 죄를 짓고 있는 그 순간에는 백성들이 죄를 깨닫기 원하십니다. 그래서 자신의 얼굴을 가리십니다. 그 사랑스럽고 아름다우신 얼굴빛을 백성들이 바라보지 못하게 하십니다.

얼굴을 돌리심으로써 백성들의 죄를 알려 주시는 하나님

하나님은 지금 백성들에게 바로 그렇게 하고 계십니다. 앞서 말씀드렸던 것처럼 당시 백성들은 정말 열심히 경건 생활에 힘쓰고 있었습니다. 금식하며 기도하기까지 했습니다. 하지만 그들의 삶에는 죄가 가득했습니다.

만약 하나님께서 죄를 짓는 백성들에게도 그 아름다운

얼굴 빛을 계속 비춰주셨다면 어떻게 되었을까요? 백성들은 더 큰 죄에 빠졌을 것입니다. 그러나 하나님은 자신의 아내 된 백성들이 죄에서 떠나기를 원하셨습니다. 다시 남편이신 하나님만을 사랑하면서 행복한 결혼 생활을 이어 가기를 원하셨습니다. 그래서 그들에게서 얼굴을 가리시면서 말씀하십니다. "내가 너희의 죄 때문에 얼굴을 돌렸노라!"

그러므로 오늘 본문의 말씀은 책망의 말씀이지만 동시에 사랑의 말씀입니다. 죄에서 떠나 내게로 돌아오라는 절절하고 간절한 외침입니다. "내가 너희에게 다시 나의 아름다운 얼굴 빛을 비추도록 죄에서 떠나라!"라는 사랑의 책망입니다. 여기서 첫 번째 교훈을 반복합니다. 죄는 하나님의 아름다운 얼굴을 가립니다.

두 번째 교훈입니다.

죄는 하나님의 아름다움을 바라보지 못하게 합니다.

그렇다면 백성들은 무슨 죄를 짓고 있었을까요? 어떤 죄를 저질렀길래 하나님께서 그분의 얼굴을 돌리셨을까요? 이사야 선지자는 백성들의 죄에 대해 생생하게 묘사합니다.

본문에 묘사된 백성들의 죄를 세 가지로 나누어서 살펴보겠습니다. 그 세 가지는 '생각의 죄', '행동의 죄', '습관적인 죄'입니다.

생각의 죄

먼저, 백성들은 생각으로 죄를 지었습니다. 우리는 겉으로 드러나는 죄에만 관심을 가질 때가 많습니다. 예를 들어 악한 영상을 시청하는 것이나 상처 주는 말을 한 것 자체에 관심을 가집니다. 그러나 사실 이 모든 죄는 생각에서부터 흘러나온 것입니다. 생각이 악하니 악한 것들이 흘러나오는 것입니다. 그래서 예수님은 악한 생각에서부터 음란과 도둑질과 살인, 간음과 탐욕과 악독 등 모든 죄가 나온다 말씀하십니다(막 7:21-23).

오늘 본문도 생각에서부터 죄가 흘러나왔다고 말씀합니다. 7절 중반부를 보십시오. "그 생각은 악한 생각이라." 4절 마지막 부분에서는 "악행을 잉태하여"라고 말씀하고, 5절 초반부에서는 "독사의 알을 품으며"라고도 말씀합니다. 이 표현들은 백성들이 악한 생각을 품었다는 것을 보여 줍니다.

독사가 알을 품고 있으면 결국 그 알에서 독사가 태어납니다. 마찬가지로 우리가 악한 생각을 품고 끊어내지 않으면 결국 그 생각에서 악한 행동이 태어납니다. 그런 점에서 죄는 우리의 생각을 자궁으로 삼아 세상에 태어난다고 표현할 수도 있습니다. 사람들은 행동을 조심하라 하지만, 사실 우리는 생각을 더 조심해야 합니다. 하지만 오늘 본문의 백성들은 그 생각이 죄로 가득했습니다.

행동의 죄

이 '생각의 죄'들은 결국 '행동의 죄'로 이어집니다. 4절 마지막 부분에서 말씀하듯이 백성들은 "죄악을 낳"습니다. 3절에서는 손과 손가락, 입술과 혀가 다 죄를 짓는다고 표현합니다. 또 7절에서는 "그 발은 행악하기에 빠르고 무죄한 피를 흘리기에 신속"하다고 말씀합니다. 이 표현들이 어떤 모습을 그리는지 주목해 보시기 바랍니다. 생각의 죄가 백성들의 온몸에서, 즉 손과 발과 입에서 열매를 맺는 모습을 그립니다. 이처럼 생각의 죄는 백성들의 몸을 빌려 행동의 죄로 태어납니다. 백성들의 몸은 죄가 태어나게 하는 산모처럼 기능하고 있습니다.

습관적인 죄

죄는 행동으로 태어나는 것으로만 만족하지 않습니다. '행동의 죄'가 계속되면 결국 '습관적인 죄'로 이어집니다. 계속해서 죄를 짓는 사람은 자연스럽게 죄를 생각하고, 죄를 짓기를 반복합니다. 죄가 곧 삶이 됩니다. 이렇게 되면 더이상 죄를 죄로 여기지 않습니다. 죄를 지으면서도 죄를 짓는지 모르는 것이 바로 습관적인 죄에 빠진 사람들의 모습입니다.

하나님의 사랑스러우심을 바라보지 못하게 만드는 죄

이런 점에서 볼 때, 죄에 빠지게 되는 과정은 마치 불륜에 빠지는 과정과 비슷합니다. 불륜을 저지르는 한 여인을 상상해 보십시오. 그 여인도 처음에는 남편만을 사랑했습니다. 그러던 어느 날 다른 남자가 눈에 들어옵니다. 그리고 그 남자와 만나는 상상을 합니다(생각의 죄). 그러다 생각만 하던 그 남자와 실제로 대화도 하고 만납니다(행동의 죄). 그 남자와 계속 만나다 보면 어느 순간 그 남자를 마치 남편처럼 생각하고 사랑하기에 이릅니다(습관의 죄). 여전히 남편에게 모든 의무를 다하면서도, 마음은 항상 다른 남자를 향하게 됩니다. 이렇게 되면 원래 남편이 더 이상 사랑스러워 보이지 않게 됩니다.

하나님이 아름다워 보이지 않는 상태가 되어 버린 백성들

본문의 백성들이 바로 그런 상태에 빠져 있었습니다. 원래 백성들은 하나님과의 신혼 생활을 누리고 있었습니다(사 54:5-6). 어느 순간 죄가 그들을 유혹하기 시작했고, 백성들은 점점 죄에 빠져들었습니다. 생각으로 죄를 품고 있다가, 어느 날 실제로 죄를 지었습니다. 그런 과정이 반복되면서 죄가 습관이 되고 삶이 되었습니다. 백성들은 지속해서 죄를 지으면서도, 한편으로는 남편 되시는 하나님을 향한 여러 의무를 실천했습니다. 율법을 연구했고, 기도했으며, 금식까지 했습니다. 하지만 죄와의 불륜에 빠져버린 백성들은 하나님을 사랑하는 마음을 잃어버렸습니다.

본래 백성들은 하나님의 아름다움을 바라보면서, 그분과 사랑을 누리는 가운데 가장 깊은 평안을 누렸습니다. 가장 완벽한 남편과의 사랑 속에서 최고의 안정감을 누렸습니다. 하지만 이제 백성들은 죄에 빠져 그 평강과 안정감을 누리지 못하게 되어 버렸습니다. 그래서 8절을 보시면 백성들이 평강의 길을 알지 못한다는 내용이 두 번이나 반복됩니다.

하나님의 아름다움을 바라보지 못하게 하는 죄

그러니 죄가 얼마나 무섭습니까? 생각으로 죄를 지었을 뿐인데, 어느새 그 죄가 행동이 되고 습관이 되어 하나님의 아름다움을 바라보지 못하게 만듭니다. 하나님의 아름다움에 관해서는 맹인으로 만들어 버립니다. 자신도 모르는 사이에 눈이 점점 멀어버려 사랑하는 사람의 아름다운 얼굴을 더 이상 바라보지 못하게 된다고 생각해 보십시오. 얼마나 비참하고 슬픈 일입니까? 죄가 바로 그런 것입니다.

죄는 지금도 우리가 하나님의 아름다움을 바라보지 못하게 만들려고 합니다. 우리가 죄를 상상하도록, 상상한 죄를 짓도록, 그렇게 지은 죄가 우리에게 습관이 되도록 온갖 수단과 방법을 다 동원합니다. 오늘 본문에는 죄의 유혹에 넘어갔던 백성들이 어떻게 되었는지가 잘 나타나고 있습니다. 이 백성들의 모습에서 우리는 죄가 무엇인지, 죄가 어떻게 비참한 결과를 가져오는지 분명히 보게 됩니다. 두 번째 교훈을 반복합니다. 죄는 하나님의 아름다움을 바라보지 못하게 합니다.

세 번째 교훈입니다.

거듭난 성도는 하나님의 아름다움을 소망하며 죄를 슬퍼하고 회개합니다.

중간 정리

여기서 죄가 무엇인지 정리하고 넘어갑시다. 죄는 무엇입니까? 하나님께서 그분의 얼굴을 가리게 만드는 것이 죄입니다. 그뿐 아니라 하나님의 아름다움을 바라보지 못하도록 성도의 눈을 멀게 만드는 것이 죄입니다.

죄 고백 1: 자신의 구원을 의심하며 슬퍼함

이사야 선지자는 죄가 백성들과 하나님 사이를 갈라놓았다고 분명하게 선포했습니다. 이때 백성들은 어떤 반응이었을까요? 백성들은 책망의 말씀을 듣고 슬퍼하기 시작합니다. 9절 앞부분을 보시면, 정의가 자신들에게서 멀고 공의가 자신들에게 미치지 못한다고 표현합니다. 여기서 '정의'와 '공의'라는 표현은 하나님의 '구원'을 의미합니다. 백성들은 자신들이 저지른 죄로 인해 하나님의 구원에서 멀리 떨어져 버린 것 같다고 고백하고 있습니다. 백성들은 자신들의 구원까지도 의심하면서 슬퍼합니다.

죄 고백 2: 영적인 맹인이 된 처지를 괴로워하는 모습

백성들은 자신의 구원까지 의심하면서 구체적으로 무엇을 슬퍼합니까? 9절 후반부를 보십시오. "… 우리가 빛을 바라나 어둠뿐이요 밝은 것을 바라나 캄캄한 가운데에 행하므로." 이 표현들은 하나님의 밝고 아름다운 얼굴 빛을 보고 싶으나, 도무지 보이지 않는다는 의미입니다. 10절에서도 처절한 고백이 이어집니다. "우리가 맹인같이 담을 더듬으며 눈 없는 자같이 두루 더듬으며 낮에도 황혼 때같이 넘어지니." 자신들이 맹인 같고, 눈 없는 자 같다고 합니다.

백성들은 분명히 지난날에는 하나님의 아름다움을 바라보면서 즐거워하는 복된 삶을 살았습니다. 그런데 지금은 하나님의 아름다움을 바라보지 못합니다. 평강을 잃어버렸습니다. 그런 자신들의 모습이 너무나 비참해서 슬퍼하는 모습입니다.

10절 후반부에는 "… 강장한 자 중에서도 죽은 자 같은

지라."라는 표현이 나옵니다. 건강한 사람 같으나 사실은 죽은 사람과 같다는 말입니다. 이런 고백을 하는 백성들은 종교 생활을 열심히 하던 사람들이었습니다. 예배에 잘 참석하고, 매일 성경 읽고, 늘 기도하던 사람들이었습니다. 그래서 겉으로 볼 때는 문제가 없어 보였습니다. 하지만 책망을 듣고 보니 그들은 자신들의 영적인 상태가 사실은 죽은 상태와 다름없음을 깨닫게 되었습니다. 그래서 슬퍼합니다.

이제 백성들은 서럽게 웁니다. 11절에서 다시 고백합니다. "… 정의를 바라나 없고 구원을 바라나 우리에게서 멀도다!" 구원받지 못한 것 같다는 괴로움에 곰처럼 크게 울부짖습니다. 비둘기같이 서럽고 구슬프게 눈물을 흘립니다. 영적인 맹인이 되고, 영적으로 죽은 자 같은 자신들의 처지를 크게 슬퍼하는 모습입니다.

죄 고백 3: 하나님이 얼굴을 돌리시는 게 당연하다고 시인함

아직도 백성들의 죄 고백이 끝나지 않았습니다. 백성들은 점점 더 구체적으로 죄를 고백하며 회개합니다. 12절에는 '죄'(핫타트), '허물'(페샤), '죄악'(아본)이라는 단어가 반복됩니다. 구약의 백성들은 죄를 표현하는 다양한 단어를 한꺼

번에 사용하며 자신의 죄를 철저하게 회개하곤 했습니다(시 32:5; 51:1-3; 단 9:5; 미 7:18-19). 본문의 백성들도 지금 바로 그런 표현으로 자신들이 최악의 죄를 저질렀다고 겸손하게 자복하고 있습니다. 12절 마지막 부분에서는 "... 우리의 죄악을 우리가 아나이다."라고도 고백합니다. 자신의 죄를 안다는 표현은 하나님이 그들에게 어떤 벌을 내리셔도 마땅하다는 의미입니다. 지금 그들은 하나님께서 자신들에게 그 얼굴을 가리시는 게 마땅하다고 고백하며 괴로워합니다.

백성들의 반응: 죄에 대한 깊은 탄식

백성들은 "죄가 너희와 하나님 사이를 갈라놓았다."는 말씀을 들었습니다. 또 "생각과 행동과 습관의 죄가 너희 가운데 있다."는 구체적인 책망도 들었습니다. 그 죄 때문에 "하나님께서 그 사랑스러운 얼굴 빛을 너희에게서 거두셨고, 너희의 눈도 멀어버렸다."는 슬픈 소식을 들었습니다. 만약 그들이 영원한 파멸로 작정 된 자들이었다면, 이런 책망을 듣고도 아무런 슬픔이 없었을 것입니다. 그러나 다행히도 백성들은 슬퍼합니다. 그들은 이전에 보았던 아름다운 하나님의 얼굴 빛을 떠올리며 슬퍼합니다. 이제는 하나님의 아름다우심을 바라보지 못하는 자신들의 처지를 진정으로 괴로워합니다. 죄에 대해 깊이 탄식합니다.

따라서 오늘 본문은 죄가 얼마나 추악한지 보여 줄 뿐 아니라, 죄를 지은 성도의 진정한 반응이 무엇인지도 가르쳐 줍니다. 하나님의 아름다우심을 진정으로 바라본 적이 있는 성도라면, 죄를 책망하는 말씀 앞에서 자신을 돌아봐야 합니다. 지금 하나님의 아름다우심을 바라보지 못하고 풍성하게 누리지 못하고 있다면, 자신의 처지를 슬퍼하며 회개해야 합니다. 바로 이것이 진정으로 거듭난 성도, 하나님의 아름다우심을 바라보았던 성도의 모습입니다. 여기서 세 번째 교훈을 반복합니다. 거듭난 성도는 하나님의 아름다움을 소망하며 죄를 깊이 슬퍼하고 회개합니다.

마지막 네 번째 교훈입니다.

우리는 하나님의 아름다움을 소망하며 죄를 슬퍼하고 회개해야 합니다[적용].

하나님과의 결혼 생활을 망치는 역겨운 죄

원래 하나님과 가장 행복한 결혼 생활을 누리던 백성들

은, 죄로 인해 더 이상 행복을 누리지 못하게 되었습니다. 그런 점에서 죄는 하나님과 백성들의 행복한 결혼 생활을 망치는 역겨운 불륜과도 같습니다. 백성들은 그런 죄를 지으면서도 죄가 얼마나 악한지 몰랐습니다. 그래서 하나님은 선지자 이사야를 통해서 백성들에게 죄의 혐오스러움을 분명하게 알려 주십니다.

이스라엘 백성들의 삶

앞서 살펴보았듯이, 이스라엘 백성들이 죄에 빠져 있었다고 해서 그들이 의무를 소홀히 한 것은 아닙니다. 그들은 열심히 기도했고, 열심히 율법을 연구하고 지켰습니다. 그래서 오히려 뭐가 문제인지 몰랐습니다. 자신들은 하나님께 해야 할 의무를 다하고 있다고 생각했습니다.

그러나 문제는 그들의 삶에 죄가 일상화되어 있었다는 점입니다. 악한 생각과 행동이 가득했습니다. 그래서 아무리 율법에 힘쓰고 기도해도 하나님께서는 그들에게 사랑의 얼굴 빛을 비춰주시지 않으셨습니다. 생각해 보십시오. 아내가 남편에게 해야 할 모든 의무를 아무리 다한다 하더라도, 남편은 불륜을 저지르는 아내에게 웃는 낯을 보일 수 없습니다. 마찬가지로 하나님은 죄악으로 가득한 삶을 살고 있던 백성들에게 그 아름다운 얼굴을 비춰주실 수가 없었습니다.

오늘날에도 우리에게 만연한 죄: 하나님을 가장 사랑하지 않음

그런데 여러분, 우리도 오늘 본문의 백성들과 같다는 것을 아십니까? 우리도 하나님과의 관계 속에서 불륜을 저지르고 있습니다. 그러면서도 죄를 짓고 있다는 생각은 못 하고 있습니다. 우리가 어떤 죄들을 저지르고 있습니까? 우리의 죄를 다 열거하기에는 책 한 권도 부족할 것이지만, 우선 우리가 깨닫지 못하고 있는 중요한 죄 한 가지를 살펴봅시다. 그 죄는 바로 '하나님을 가장 사랑하지 않는 죄'입니다.

우리는 하나님을 가장 사랑하지 않아도 된다는 생각으로 살아갑니다(생각의 죄). 그런 생각으로 살아가다 보면, 우리는 삶에서도 하나님을 가장 사랑하지 않게 됩니다(행동의 죄). 그리고 어느 순간, 하나님을 향한 사랑의 마음 없이도 예배에 출석합니다. 결국 이런 죄를 계속 짓다 보면, 우리는 하나님을 사랑하지 않으면서도 신앙생활 할 수 있다고, 그래도 된다고 생각하게 됩니다. 더 나아가 신앙생활이 원래 그런 거라는 생각에까지 이르게 됩니다(습관의 죄).

이처럼 우리가 죄를 지으면서도 죄를 짓는지조차 모르는 상태가 되면, 우리의 눈은 점점 더 어두워집니다. 그리고 하나님께서도 우리에게서 얼굴을 돌리십니다. 그렇게 되면 우리는 하나님의 아름다우심을 바라보지 못하게 됩니다. 당연한 일입니다. 외도하는 아내는 남편이 사랑스러워 보이지 않습니다. 남편도 외도하는 아내에게 웃는 얼굴을 보일 수 없습니다. 마찬가지로 하나님을 가장 사랑하지 않는 사람에게는 하나님의 아름다우심이 보이지 않습니다. 더불어 하나님도 그 아름다우심을 보여 주시지 않습니다.

죄의 비참함

이것은 너무나 비참한 일입니다. 하나님이 우리에게 베푸신 은혜를 생각해 보십시오. 하나님은 우리가 아직 죄인 되었을 때, 우리를 향한 영원한 사랑을 확증하신 분입니다. 사랑스러운 것 하나 없는 우리를 사랑하셔서, 가장 사랑스러우신 아들까지 내어주셨습니다. 더 나아가 우리와 영원한 결혼 생활을 누리시려고 성령님을 보내 주셨습니다. 하나님은 사랑받을 자격 없는 우리에게 믿기지 않는 사랑을 베푸

섰습니다. 우리는 그 사랑 안에서 최고의 기쁨을 누렸습니다. 다른 어떤 것도 필요 없는 평강을 누렸습니다.

그런데 우리는 그토록 큰 사랑과 은혜를 베풀어 주신 하나님을 두고 죄와 불륜을 저지르고 있습니다. 하나님을 가장 사랑하지 않는 것이 불륜입니다. 생각해 보십시오. 아내가 남편만을 가장 사랑하지 않는다면 그것이 곧 불륜입니다. 그런데 우리가 하나님께 바로 그런 죄를 저지르고 있습니다. 남편 되신 하나님을 가장 사랑하는 것도 모자라는데, 오히려 죄를 사랑하면서 하나님의 사랑을 모욕하고 있습니다. 우리가 어찌 이런 짓을 저지를 수 있는지 모르겠습니다. 우리가 얼마나 큰 사랑을 배신했는지 생각해 볼 때, 우리는 도무지 용서받지 못할 것 같습니다.

하나님의 무한한 은혜

그러나! 놀랍게도 하나님은 그런 죄를 저지른 자들까지도 다 용서하십니다. 오늘 본문에서 이어지는 이사야 59장 15절부터는 하나님께서 그런 죄를 저지른 백성들을 구원하시는 장면이 나옵니다. 백성들이 죄를 슬퍼하며 회개할 때, 하나님은 다시 사랑의 얼굴 빛을 비춰주십니다. 죄를 슬퍼하며 눈물 흘리는 백성들의 눈에서 눈물을 닦아 주십니다. 그러시고는 그들을 지금까지 단 한 번도 음행을 저지르지 않은 순결한 아내로 대하십니다! 도무지 믿을 수 없는 자비를 베풀어 주십니다.

여기서 보듯이 하나님께서는 백성들을 영원히, 변함없이, 가장 사랑하는 남편이십니다. 심지어 하나님의 자비는 끝이 없습니다. 백성들은 용서를 받았음에도 또다시 죄를 짓습니다. 불륜을 저지릅니다. 그런데 하나님은 그들이 회개하고 돌아올 때마다 계속해서 그 사랑의 얼굴 빛을 다시 비춰주십니다. 아, 하나님의 은혜는 도무지 다 헤아릴 수가 없습니다.

더욱 분명해지는 죄의 추악함

이 하나님의 아름다움 속에서 우리는 죄의 추악함을 더 분명하게 바라봅니다. 죄는 이토록 사랑이 많으신 하나님을 두고 다시 불륜을 저지르는 것입니다. 그러니 죄가 얼마나 추악한 것입니까? 우리는 결코! 하나님보다 죄를 더 사랑하지 말아야 하겠습니다. 하나님만을 가장 사랑해야 하겠습니다. 그것이 남편 되신 하나님의 아름다움을 아는 사람들의 정당한 반응입니다.

하나님을 가장 사랑하지 않는 사람들을 향한 적용

혹시 이 자리에 아직도 하나님보다 다른 것을 더 사랑하는 분이 계십니까? 죄에 마음이 빼앗긴 분이 계십니까? 하나님께서 분명히 하지 말라고 하신 일을 하는 분이 계십니까? 그러면서도 '이 일만큼은 어쩔 수 없어.'라고 말하며 자신을 속이고 있는 분이 있습니까? 그러한 모든 행동이 바로 하나님을 두고 죄라는 남자를 더 사랑하는 불륜입니다.

그런 불륜은 우리가 하나님의 아름다움을 전혀 누리지 못하게 만듭니다. 우리 중에 그런 분들이 계시지 않습니까? 그렇다면 이 시간 죄를 털어놓으십시오. 하나님보다 다른 것들을 더 사랑하는 죄에서 떠나고 싶다고 간구하십시오. 하나님을 가장 사랑하고 싶다고 고백하십시오. 다시 하나님의 아름다우심을 바라보게 해달라고 기도하십시오. 하나님과 사랑의 교제를 깊이 누리지 못하는 자기 모습이 얼마나 비참한지 하나님께 아뢰십시오.

우리가 그렇게 고백할 때, 놀랍게도 하나님은 다시 손을 건네주실 것입니다. 죄를 슬퍼하고 회개하는 사람들을 향해 그분의 환한 얼굴 빛을 다시 보여 주실 것입니다. 심지어 하나님께서 우리를 여전히 순결한 아내로 여겨 주시며 사랑하고 계심을 확신시켜 주실 것입니다. 우리가 죄를 사랑할 때도 하나님은 우리를 변함없이 사랑하셨음을 깨닫게 하실 것입니다.

오늘 본문의 백성들은 바로 그 경험을 하고 있습니다. 죄가 얼마나 비참한 것인지 깨닫고, 죄를 미워하고 슬퍼하고 회개하면서, 죄에서 떠나 다시 하나님께 돌아가고 있습니다. 그리고 하나님은 그들의 회개를 받아주시고, 그들이 다시금 구원의 기쁨과 사랑 안에서 살아가게 하십니다. 행복한 결혼 생활을 다시 누리게 하십니다.

그러니 성도 여러분, 오늘 본문을 통해 교훈 받고 회개하며 하나님께 나아갑시다. 하나님을 가장 사랑합시다. 먼저 우리를 가장 크게 사랑하신 그 하나님을, 우리도 가장 크게 사랑합시다. 우리를 변함없이 사랑하시는 그 하나님을, 우리도 변함없이 사랑합시다. 그리하여 날마다 하나님의 아름다우심을 더욱 분명하게 바라보며, 그분을 더욱 사랑하는 우리 모두가 되기를 간절히 바랍니다. 마지막 적용을 반복합니다. 거듭난 우리는 하나님의 아름다움을 소망하며 죄를 슬퍼하고 회개해야 합니다.

결론

말씀을 정리하며 맺겠습니다. 오늘 우리는 이사야 59장 1-12절을 통해서 죄가 무엇이며 얼마나 추악한 것인지를 살펴보았습니다. 첫째로, 죄는 하나님의 아름다운 얼굴을 가립니다. 둘째로, 죄는 하나님의 아름다움을 바라보지 못하게 합니다. 셋째로, 거듭난 성도는 하나님의 아름다움을 소망하며 죄를 슬퍼하고 회개합니다. 넷째로, 우리는 하나님의 아름다움을 소망하며 죄를 슬퍼하고 회개해야 합니다.

오늘 설교 제목처럼 죄는 하나님의 얼굴을 가리고, 우리의 눈을 멀게 합니다. 죄는 마치 결혼 생활을 망쳐 놓는 불륜처럼 하나님과 우리 사이를 갈라놓습니다. 죄가 얼마나 추악한 것이고, 얼마나 비참한 결과를 가져오는지 꼭 기억하십시오.

하나님은 아내 된 백성들이 그런 모든 죄에서 떠나기를 원하십니다. 그리하여 다시금 가장 행복한 결혼 생활을 회복하기를 바라십니다. 하나님은 그 추악한 죄를 지은 사람들을 용서하실 뿐만 아니라, 다시 순결한 아내로 바라보시는 아름다운 분이십니다.

우리가 아름다우신 하나님께 짓는 죄가 얼마나 추악한 것인지 묵상해 봅시다. 그 추악한 죄의 실상을 바라보고 죄에서 떠납시다. 하나님이 먼저 우리를 가장 크게 사랑하셨음을 굳건하게 믿고, 우리도 그분을 가장 크게 사랑합시다. 그리하여 날마다 하나님의 아름다움을 바라보며 가장 큰 행복으로 살아가는 복이, 광교장로교회 모든 성도에게 있기를, 성부와 성자와 성령의 이름으로 축원합니다. 아멘.

설교 묵상

A 장로의 묵상

하나님의 사랑을 진정으로 경험한 적 있는,

그래서 하나님을 남편으로 둔,

그의 아내 된 영적 이스라엘 백성들에게 주신 말씀이었습니다.

언약에 신실한 호세아와는 달리 음란했던 고멜처럼,

남편의 사랑과 호의에 늘 배신으로 반응하며,

서약했던 신부의 정절을 헌신짝처럼 버리며,

몸은 남편에게 있으나 마음은 이미 외간 남자에게 달려가는...

우리의 부끄러운 죄성을 오늘 설교 말씀은 엑스레이로 찍듯이 밝히 드러내셨습니다.

혼인하였으나 남편을 가장 사랑하지 않는 신부.

이웃집 남자에게 눈이 돌아간 신부.

그러고도, 아무 거리낌 없이 살아갑니다.

사는 게 사는 게 아니며, 오히려 그것이 남편에게 더욱 모욕을 느끼게 하듯

하나님을 가장 사랑하지 않는 그의 백성.

믿는 게 믿는 게 아니고, 오히려 하나님을 욕보이는 것인데,

그러고도 이젠 무뎌져서 두려워하는 마음도 별로 못 느끼는

저희...

"면목이 없지만,

남편이신 하나님의 얼굴을 다시 한번 저희에게 비춰주십시오.

회개를 사랑하게 해 주십시오.

그리하여, 허영의 시장에서 세상 영광에 눈이 멀어진 저희를 고치시고,

하나님 영광의 아름다움을 제대로 보게 해 주십시오.

거룩함을 갈망하게 해 주십시오.

주님 품을 사랑하게 하시고, 그 품에서만 만족을 누리게 해

주십시오."

말씀으로 정신 차리고 보니
남편이신 하나님의 마음을 아프게 한 그 사실이 저희에게도
말할 수 없는 아픔입니다.
걸음, 걸음,
주님 가신 핏길.
그 위에 참회의 눈물을 얹어 따르고자,
말씀 앞에서 이젠 고멜의 삶에 종지부를 찍고자,
간음하다 현장에 붙잡힌 여인처럼 주님 발 앞에 고개를 떨
굽니다.

E 장로의 묵상

일본어를 아무것도 모르던 한 친구가 일본 단기 선교를 가
기 위해 3개월간 열심히 일본어를 공부합니다. 일어나서 잠
들 때까지, 일본어를 듣고, 일본어로 말하고, 그렇게 온종일
일본어를 가까이하며 살았습니다.
그러더니 일본으로 출발하기 며칠 전, 꿈도 일본어로 꾸기
시작합니다.

하나님을 온종일 생각하면 나도 하나님 꿈을 꿀 수 있을까...?

내 모든 말과 삶이 하나님의 말씀과 그분의 사랑으로 가득차고 또 넘쳐서 꿈에서도 하나님을 찬양할 수 있다면, 꿈에서도 말씀을 묵상하고 기도하며, 사랑으로 이웃을 섬기고, 불의한 상황에서 용기를 내고, 그리스도를 믿는다는 이유로 능욕 받기를 기뻐할 수 있다면...

"아빠, 종종 세상에서 제일 큰 죄는 무엇일까? 생각해 본 적이 있어요. 그런데 이번에 알게 됐어요. 하나님을 가장 사랑하지 않는 죄가 제일 큰 죄라는 것을요."
"하나님을 제일 사랑하니?"
"아니요... 하지만 하나님을 가장 사랑하고 싶어요..."
"하나님을 가장 사랑하지 못해서 슬프고 속상하니?"
"...... 아니요... 잘 모르겠어요.... 하지만 그러고 싶어요..."
"그래, 하나님을 가장 사랑하게 해 달라고 함께 기도하자. 다만, 우리의 죄와 비참을 정직하게 깨닫게 해 달라고, 똑바로 시인할 수 있게 해 달라고 기도하자. 하나님의 얼굴을 가린 죄, 우리의 눈을 멀게 한 죄를 미워하고, 슬퍼하며 울자. 마땅히 받아야 할 죽음과 멸망 대신에, 받을 자격 없는 자에게 베푸신 그 놀라우신 은혜가 우리에게 있게 해 달라고 간절히 기도하자. 우리의 남편이신 하나님을 가장 사랑하게 해 달라고, 그리고 유일하게 사랑하게 해 달라고 기도하자..."

"그런데 하나님을 가장 사랑한다는 게 무엇일까? 하나님을 보고 싶어 하는 거야. 남편을 기다리는 아내처럼, 약속 장소에서 교제하는 자매를 기다리는 것처럼. 사랑을 하면 그런 거니까. 계속해서 보고 싶고, 자꾸 확인하고 싶고, 함께 있고 싶고... 그것이 하나님께는 말씀 앞에 머물고, 기도의 골방에 들어가는 거야... 하나님 뜻에 주저 없이 순종하고, 하나님의 주권을 온전히 기뻐하는 거야."

그렇게 한 마음으로 기도하며 남편의 사랑을 오늘도 구합니다...
사실은... 이미 사랑을 베풀어 주신 남편께, 용납과 용서를 구하는 것이 대부분이지만요...

D 장로의 묵상

저희는 창조주 하나님이 쓸어버리시더라도 아무런 말도 못할 타락한 죄인이었고, 죄인이고, 죄인일 뿐입니다. 맞습니다. 멋대로 살도록 그냥 두셔서 영원한 하나님의 공의로운 진노를 당하더라도 저희는 어떤 말도 할 자격 없는, 그런 존재입니다. 그런데 그런 저희를 오직 은혜로 택하셨습니다. 언약해 주셨습니다. 백성 삼아 주셨습니다. 자녀라 하십니다. 신부라고 하십니다.

이런 놀라운 복음으로 우리를 맞이해 주셨습니다.

그러나 어찌 된 일인지 뼛속 깊이까지 스며든 죄성으로 인해 사랑을 베푸신 하나님을 파렴치하게도 무시합니다. 싫어하고, 배반하고, 제멋대로 섬기면서, 받아주시지 않는다고 투정과 불평을 일삼습니다. 우리 때문에 십자가를 지셨건만, 십자가의 은혜가 우리의 마땅한 권리인 것처럼 기고만장할 뿐입니다.

그런 못돼먹은 죄인들에게 얼굴을 가리시다니요. 그냥 쓸어

버리시면 되는데...

오히려 친절하시게도 말씀으로 그 이유를 설명해 주시다니
요...

도리어 우리 대신 아들을 십자가에 못 박으시고 그 보배로
운 피를 아낌없이 흘리게 하시다니요...

그러하니, 우리는 곰처럼, 비둘기처럼 소리 높여 슬퍼하고
애통해하면서 가슴을 찢습니다. 깨달아도 우리의 힘으로는
그 사랑에 도저히 응답할 수 없는 비참한 존재이니 송구하
고 송구할 뿐입니다. 예비해 주신 성령 하나님께서 우리를
다스리시고, 붙드시고, 꽁꽁 묶으셔서 신랑 되신 삼위 하나
님만을 흠모하며 사랑하게 할 수 있다 하시니, 그렇게 해달
라고 엎드려 빌 수밖에요...

참되고 진실하게 영원토록 우리를 대하시는 삼위 하나님을
우리도 참되고 진실하게 대하길 원합니다. 우리의 전 존재
보다도, 우리의 가족보다도, 우리의 미래보다도, 우리의 행
복보다도, 그 무엇보다도 삼위 하나님만을 사랑하길 원합니
다.

오늘도 내 죄악과 연약함이 내 앞에 있습니다...

그런 저를 위해 얼굴을 가리시면서까지 저로 깨닫게 하시고 돌이키게 하시며 고치시는 그 사랑에 제 마음이 녹습니다.

주님의 옷자락에 손이라도 닿길 간절히 원했던 혈루증을 앓던 여인처럼, 주인의 밥상에서 떨어지는 부스러기를 먹는 개 취급을 당하더라도 귀신 들린 딸아이를 고치기 원하는 어미의 심정으로 제 생각을 말씀 앞에 놓습니다. 제 행위를 말씀 앞에 놓습니다. 그리고 이미 습관이 되어 버린 옛 사람의 악한 모습들을 십자가의 보혈 앞에 내어놓습니다.

주님은 그 길 외에는 다른 길이 없다고 하십니다.

사랑의 주님,

창조주요, 구원주 되시는 삼위 하나님,

우리의 신랑 되시는 하나님의 간절한 부르짖음을 더 이상 외면하지 않도록 저와 지체들을 이끌어 주시옵소서.

3장
나를 돌이키시면,
내가 돌아오겠나이다

– 죄에서 돌이키는 회개에 대하여

정중현

[예레미야 31장 18-20절]

에브라임이 스스로 탄식함을 내가 분명히 들었노니, 주께서 나를 징벌하시매 멍에에 익숙하지 못한 송아지 같은 내가 징벌을 받았나이다. 주는 나의 하나님 여호와이시니, 나를 이끌어 돌이키소서. 그리하시면 내가 돌아오겠나이다. 내가 돌이킨 후에 뉘우쳤고 내가 교훈을 받은 후에 내 볼기를 쳤사오니, 이는 어렸을 때의 치욕을 지므로 부끄럽고 욕됨이니이다 하도다. 에브라임은 나의 사랑하는 아들 기뻐하는 자식이 아니냐? 내가 그를 책망하여 말할 때마다 깊이 생각하노라. 그러므로 그를 위하여 내 창자가 들끓으니 내가 반드시 그를 불쌍히 여기리라. 여호와의 말씀이니라.

서론

말씀 사역자가 복음을 전할 때는, 듣는 사람들 가운데 아직 거듭나지 못한 영혼이 반드시 있을 것이라고 가정해야 합니다. 슬프지만 지금 이 자리에 있는 우리 가운데에도 분명히 있을 것입니다. 제가 이처럼 확신을 가지고 말씀드리는 이유는 예수님의 말씀 때문입니다. 예수님은 마태복음 13장의 씨 뿌리는 자 비유에서, "복음의 씨앗을 뿌리는 곳에는 좋은 밭만 있지는 않을 것이다. 100배 열매 맺는 사람, 60배 열매 맺는 사람, 30배 열매 맺는 사람도 있겠지만, 길가 같은 마음, 돌밭 같은 마음, 가시떨기 같은 마음을 가지고 있는 사람들도 있을 것이다."라고 말씀하셨습니다. 제자들이 열심히 씨를 뿌려도, 반 정도는 열매가 있겠지만 나머지 반은 열매가 없을 것이라고 하셨습니다.

"목사님, 저는 거듭난 쪽에 있으니 안심하십시오."라고 답하시기 전에, 여러분 모두 이 기회에 스스로 돌아보시기 바랍니다. 여러분이 거듭났다고 안심하는 근거는 무엇입니까? 혹 말씀을 좋아하십니까? 이단도 성경을 무척 사랑합니다. 거듭나지 않은 사람도 성경을 공부하고, 성경 구절을 많이 암송하기도 합니다. 혹 교리를 좋아합니까? 거듭나지 않아도, 지적 호기심을 해결하기 위해 신학책을 끼고 사는 사람들이 있습니다. 혹 스스로 죄인이라고 인정하기 때문에 안심하십니까? 진정으로 회개하지 않는 사람들도, 도덕적 기준이 높아서 스스로 죄가 많다고 인정하는 사람들이 있습니다. 혹 교회를 사랑하십니까? 신앙이 전혀 없어도 분위기가 좋아서, 성품 좋은 사람들을 만날 수 있으니까, 나와 같은 또래들이 많으니까, 내 역할과 내 자리가 교회에 있으니까, 기타 여러 가지 이유로 교회를 사랑할 수 있습니다. 혹 착하게 살아서 안심하십니까? 바리새인은 더 착했습니다. 믿음과 회개 없이도, 바리새인처럼 세상을 이롭게 하는 사람, 힘든 봉사 활동을 열심히 하는 사람, 심지어 교회의 개혁을 위해 힘쓰는 사람도 있습니다.[26]

'어? 혹시 저 성도에 대해 말씀하시는 건가?' 하고 추측하지 마십시오. 내 이야기입니다. 우리 자신의 이야기입니다. 그러니 자신을 보십시오. 내가 좁은 길을 걷고 있는지, 내가 좁은 문으로 들어가고 있는지 확인하십시오. 선포되는 설교들을 통해 오직 자기 구원을 점검하시기 바랍니다. 나의 믿음은 구원을 얻게 하는 믿음인가, 나는 생명에 이르는 회개를 하고 있는가, 그렇게 돌아보시길 바랍니다.

1. 회개의 요소: 슬픔, 포기, 돌아섬

먼저 '회개'가 무엇인지를 간략하게 설명하고 오늘 본문을 살펴보겠습니다. 회개에는 세 가지 요소가 있습니다. "슬픔, 포기, 돌아섬"입니다.[27] 그런데 이 세 가지는 '믿음'의 세 요소와 정확하게 연결됩니다. 믿음의 세 요소는 무엇입니까? "지식, 확신, 신뢰"입니다.[28] 지식, 확신, 신뢰가 슬픔, 포기, 돌아섬과 정확히 포개어집니다. 마치 동전의 양면처럼 그렇습니다. 믿음과 회개가 동전의 양면과 같기 때문입니다. 백 원짜리 동전에서, 100이 새겨진 쪽이 백 원입니까? 이순신 장군이 새겨진 쪽이 백 원입니까? 질문이 이상하죠? 둘 다 백 원입니다. 백 원의 두 면이죠. 마찬가지입니다. 우리는 한 번 돌아섭니다. 그리스도를 향해 돌아서면, 죄로부터 돌이키게 됩니다. 죄에서 돌이키면 그리스도를 향해 돌아서게 됩니다. 이처럼 죄로 향하던 우리가 그리스도께 돌아설 때 우리 마음에서 일어나는 하나의 변화를 예수님 방향에서는 믿음으로, 죄의 방향에서는 회개로 설명할 수 있습니다. 그래서 신앙의 선배들은 믿음과 회개를 하나의 사건, 곧 회심이라고도 불렀던 것입니다. 이것을 기억하며 들어 보십시오.

첫째, 회개는 경건한 슬픔입니다. 이 슬픔은 그리스도에 대한 믿음의 지식이 생길 때 일어나는 슬픔입니다. 하나님께서 말씀을 통해 삼위 하나님이 어떤 분인지 알게 하실 때, 우리는 반드시 우리 자신에 대해서도 함께 알게 됩니다. 하나님이 얼마나 거룩하고 영광스러운 분인지 알게 될 때, 우리가 얼마나 큰 죄인인지를 알게 됩니다. 하나님의 거룩하심과 영광을 잘 드러내는 율법이 우리 죄의 크기를 가장 잘 보여 줍니다. 율법은 우리에게 마음과 목숨과 힘을 다해 하나님을 사랑하라고 명령합니다(마 22:37-40; 신 6:5). 마음과 목숨과 힘을 다하라는 것은 우리의 전부를 다해 사랑하라는 의미입니다. 율법은 우리에게 하나님에 대한 온전한 사랑, 즉 100% 사랑을 요구하는 것이죠. 이것이 너무하다 싶을 수도 있지만, 생각해 보십시오. 원래 사랑은 100%가 아니면 아무 의미가 없습니다. 예를 들어, 어떤 남편이 아내에게 "여보, 내가 당신을 99% 사랑해. 그런데 1%는 다른 여자를 사랑해도 될까?"라고 말한다면 허락할 아내가 있을까요? 그의 아내는 0.1%도 용납하지 않을 겁니다. 사랑은 본래 100%가 아니면 사랑이 아닙니다.

율법은 언약 안에 주어진 사랑의 법입니다. 하나님께서는 율법을 주시기 전에 먼저 우리를 100% 사랑하셨습니다. 하나님의 전부이신 아들을 우리를 위해 주셨지요. 그리스도는 자기 자신을 온전히 십자가에 내어주셨습니다. 하나님께서는 마음과 목숨과 힘을 다해 우리를 100% 사랑하셨습니다. 그런 그분 앞에서 하나님을 마음으로도, 목숨으로도, 힘으로도 사랑하지 않는 우리의 진실이 환히 드러납니다. 이 사랑의 법 앞에 선 우리는 하나님의 사랑에 놀라고, 동시에 우리가 하나님 앞에 얼마나 끔찍한 죄인인지 깨닫고 슬퍼합니다. 성령님이 말씀을 통해 알려 주시는 이 지식이 죄인의 마음을 눈물로 가득 채웁니다. 이 경건한 슬픔이 회개의 첫 번째 요소입니다.

둘째, 회개는 포기입니다. 포기는 말씀에 대한 동의와 확신이 생길 때 일어납니다. 우리는 '하나님은 의로우시구나. 하나님께서 내가 죄인이라고 하신 판결이 참으로 옳구나!' 하는 강력한 동의와 확신을 믿음으로 갖게 됩니다. 그러면 내가 나를 구원할 방법이 없다는 것을 온전히 인정하게 됩니다. 이것이 포기입니다. 포기는 자기 자신을 구원하기 위한 그 어떤 노력도 내려놓는 것입니다. 이 포기에 이른 사람은 '지옥에 갈 수밖에 없는 나를 하나님께서 용서해 주시는 은혜 외에는 내 삶에 아무런 소망이 없다.'고 고백하게 됩니다. 돈이든, 힘이든, 지금까지 무엇을 붙들고 의지했었든지 간에, 그 모든 것이 헛됨을 확신하고, 포기하고, 오직 하나님의 은혜만을 기다리게 됩니다.

슬퍼하고, 포기했다면, 셋째, 회개는 돌아섬입니다. 돌아섬은 그리스도를 믿고 삼위 하나님을 신뢰하는 자에게서 일어나는 삶의 방향 전환입니다. 그리스도를 신뢰하여 자신을 드리는 사람은, 동시에 죄에서 떠나는 일에 자기 삶을 내던집니다. 죄악 된 생각과 말과 행동에서 돌아섭니다. 슬퍼하고만 있지 않고, 후회하고만 있지 않고, 실제로 그 죄를 떠납니다. 새 사람의 삶은 점점 풍성해지고, 옛 사람의 삶은 점점 사라집니다. 이것이 그리스도를 신뢰할 때 일어나는 죄에 대한 돌이킴, 즉 회개입니다. 회개는 이처럼 믿음과 분리할 수 없습니다. 이 둘은 항상 같이 갑니다. 그리스도를 의지하지 않고서는 죄에서 돌이킬 수 없습니다. 죄에서 돌이키지 않으면 그리스도를 의지할 수 없습니다. 동전의 양면입니다. 그리스도를 한 번 믿은 사람은 계속 신뢰합니다. 죄에서 한 번 돌아선 사람은 계속 죄에서 돌아섭니다. 이 둘은 하나죠. 이렇게 믿음과 회개가 함께 가기 때문에, 믿기만 하고 회개하지 않는 삶은 비정상입니다.

사랑하는 성도 여러분, 자신에게 믿음이 있는지 의심이 생기는 분들은 자신이 회개하는지, 계속 회개하는지를 점검해 보십시오. 믿음은 마치 바람 같아서 눈에 보이지 않습니다. 하지만 바람에 나부끼는 회개의 깃발을 보면 믿음을 확인할 수 있습니다. 내 안에 하나님에 대한 지식과 확신과 신뢰가 있는지는 명확하게 확인하기 어렵습니다. 그러나 나에게 슬픔과 포기와 돌아섬이 있는지는 분명히 알 수 있습니다. 내 믿음이 살아 있음은 나의 회개가 살아 있음을 통해 확인됩니다. 이 말은 회개가 내 삶에서 발견되지 않는다면, 내가 믿음이 있다고 우기거나 구원받았다고 확신하면 안 된다는 말이기도 합니다. 우리 신앙고백서는, 우리가 회개했다고 용서받는 것이 아니라 오직 그리스도 때문에 용서받는 것이지만, "회개는 모든 죄인에게 반드시 필요하기에, 회개 없이는 아무도 죄 사함을 기대할 수 없다."(웨스트민스터 신앙고백 15장 3항)라고 고백합니다. 회개 없이는 아무도 용서를 기대할 수 없습니다. 용서받지 못한 자가 가는 곳은, 지옥뿐입니다. 오늘 우리는 예레미야를 통해 회개에 대해 분명히 알아야 할 진리를 배우게 됩니다. "나를 이끌어 돌이키소서. 그리하시면 내가 돌아오겠나이다." 이 말씀에서 '돌이키다', '돌아오다' 두 단어가 바로 '회개'를 뜻합니다. "나를 회개하게 하소서. 그리하시면 내가 회개하겠나이다." 이런 뜻입니다. 지금부터 예레미야 말씀을 통해 참된 회개에 대한 하나님의 가르침을 살펴보겠습니다.

2. 본문: 하나님의 구원의 때에 나타날 참된 회개의 모습

오늘 우리가 읽은 본문은 말 그대로 참된 회개가 무엇인지 묘사합니다. 하나님께서는 예레미야에게 하나님이 메시야를 보내셔서 이루실 큰 구원의 날이 오면, 하나님의 백성에게 이런 '회개'가 반드시 나타날 것이라고 알려 주고 계십니다. 즉 예수 그리스도께서 오실 때 그분의 백성이 어떻게 회개하게 될 것인지를 알려 주고 계십니다. 그리스도의 백성은 첫째, 자신이 죄인임을 깨닫고 슬퍼할 것입니다. 둘째, 자기 자신을 포기할 것입니다. 셋째, 자기 죄로부터 돌아설 것입니다. 회개의 이 세 요소가 그대로 나타날 것이 예언되고 있습니다. 하나씩 살펴봅시다.

첫째, 그리스도의 백성은 자신이 죄인임을 깨닫고 슬퍼하며 회개할 것입니다.

오늘 본문의 에브라임은 그리스도의 때에 회복될 하나님의 백성을 대표합니다. 하나님은 에브라임에게서 탄식하는 소리, 즉 슬피 우는 소리를 들으셨다고 합니다(18절). 즉 에브라임은 자신에 대해 깊이 슬퍼하고 있습니다. 그는 왜 울고 있습니까? 죽을병에 걸려서 우는 게 아닙니다. 재산을 잃어서 우는 것도 아닙니다. 일이 힘들어서 우는 것도 아닙니다. 누가 괴롭혀서 우는 것도 아닙니다. 그는 오직 자기 자신 때문에 슬퍼합니다. 자기 내면의 죄 때문에 슬퍼하고 있죠. 이것이 그리스도의 백성에게서 나타날 회개의 슬픔입니다.

사실 18절을 보면, 그는 하나님의 징계를 받아서 슬퍼하는 사람처럼 보입니다. "내가 징벌을 받았나이다." 그러나 단지 징벌 때문이 아닙니다. 하나님께 벌을 받았는데, 벌을 받아도 자신이 돌이키지 않았기 때문에 슬퍼합니다. 자신이 여전히 변하지 않았다는 사실 때문에 울고 있습니다. 즉, 하나님의 징계를 받았음에도 나는 회개하지 않더라며 슬퍼합니다. 내가 하나님의 징계를 받아도 변하지 않는, 지독한 죄인이라는 사실 때문에 웁니다. 그런 자기 모습을 "멍에에 익숙하지 못한 송아지 같"다고 표현하지요. 멍에는 수레나 쟁기를 끌도록 소의 목에 거는 무거운 기구입니다. 송아지에게 멍에를 처음 씌우려고 하면 송아지는 싫어서 뛰고 솟고, 고개를 쳐들고, 씩씩거리며 거부합니다. 에브라임은 자신이 이런 송아지처럼 '나에게 왜 이런 징계를 주시는 거야!' 하며 하나님의 징계를 거부했다고 고백하고 있습니다.

모든 죄인이 하나님의 징계에 송아지처럼 반응합니다. 징계 가운데 계시는 사랑의 하나님으로부터 도망가고 스스로 상처 입고 스스로 아파하면서도, 고개를 쳐들고 하나님께 반항하며 회개하지 않습니다. 그런데 마지막 때에 나타날 그리스도의 백성은 어떻다는 겁니까? 죄에 대해 그토록 고집불통인 자신을 보고 슬퍼하게 될 것입니다. '하나님의 징계로도 바꿀 수 없는 죄인이 바로 나구나.' 하며 큰 슬픔이 마음에 가득하게 될 것입니다. 하나님께서는 말세에 '자신이 죄인임을 진심으로 인정하고, 그로 말미암아 깊이 슬퍼하는 백성'이 나타나게 될 것이라고 말씀하고 계십니다.

말세를 살아가고 계신 사랑하는 성도 여러분, 여러분에게 이런 슬픔이 있습니까? 하나님이 징계하셔서 슬픈 것 말고요. 하나님이 어렵고 아프고 힘든 고난을 주셔서 슬픈 것 말고요. 그런 고난과 어려운 일 가운데서, 하나님이 죄에서 돌아서라 하시는데도 돌아서지 않는 황소고집, 그 꺾이지 않는 고집불통의 자기 모습에 대한 슬픔이 있습니까? 그런 슬픔이 있는 사람은 오늘 에브라임처럼 하나님께 은밀하게

기도합니다. 자기 죄에 대한 슬픔은 친구들에게도 가족에게
도 털어놓을 수 없기에, 오직 하나님께만 은밀히 기도하며
죄를 고백하게 됩니다. 여러분이 자신을 죄인이라고 인정하
지 않는다면, 여러분이 죄인이라는 사실에 슬프지 않다면,
그런 슬픔을 하나님께 토해내는 은밀한 기도의 시간이 없다
면, 안타깝지만, 여러분은 그리스도의 사람이 아닙니다. 혹
은 그리스도의 사람이지만 거의 죽어가는 상태일 겁니다.
자신에 대한 회개의 슬픔이 우리 모두에게 있기를 바랍니
다. 성령님께서 그 슬픔으로 여러분을 다시 생명으로 회복
되게 해 주시기를 바랍니다. 혹 어떤 분들은 생애 처음 그리
스도인이 되도록 인도해 주시기를 간절히 바랍니다.

둘째, 그리스도의 백성은 자기 자신을 포기함으로 회개
할 것입니다.

슬픔으로 시작한 회개는 18절에서 어떻게 마무리됩니
까? "주는 나의 하나님 여호와시니, 나를 이끌어 돌이키소
서. 그리하시면 내가 돌아오겠나이다." 이 말씀은 "나를 회
개하게 하소서. 그리하시면 내가 회개하겠나이다."라는 고
백입니다.

이 고백은 처절한 자기 포기 선언이며 기도입니다. 찰스 스펄전 목사님은 이 말씀이 다음과 같은 아름다운 기도라고 설명합니다. 그대로 읽어 보겠습니다.

"주님, 당신께서 저에게 용광로를 보내 주셨습니다. 용광로가 저를 태웠지만, 저는 녹지 않았습니다. 주님의 용광로가 할 수 없는 일을 주님의 사랑으로 해 주십시오. 주님 친히 오셔서, 이 강철 같은 마음을 녹여주십시오. 주님이 죽음을 보내어 저를 두렵게 하셨지만, 죽음의 두려움은 저를 바꾸지 못했습니다. 그러니 주님, 친히 오셔서, 죽음이 할 수 없는 일을 주의 생명으로 이루어 주십시오. 저는 제 안에 회개를 일으킬 수 있는 어떤 능력도 찾을 수 없어서 절망합니다. 주님의 전능하신 은혜로 저를 바꾸시면, 저도 돌아서게 될 것입니다!"[29]

그리스도의 백성은 구원에 있어서 자신에 대해 절망하고 모든 것을 포기할 것이라 말씀합니다. 마음의 주인 자리에서 내려와, 마음의 핸들을 기꺼이 하나님께 넘겨 드리는 자기 포기가 회개에서 일어나리란 말씀입니다. 나의 회개조

차 하나님의 은혜가 아니면 불가능하다고 고백하는 이 '자기
포기'가 그리스도의 백성에게서 나타나게 될 회개의 모습입
니다.

여러분에게 이러한 자기 포기가 있습니까? 나의 구원은
오직 하나님의 은혜에 달려 있다고 고백하며 하나님과 씨름
하고 있습니까? 하나님이 주시는 은혜가 아니면 나는 아무
것도 아니라는 자세로 말씀만을 붙들고 있습니까? 그 어떤
사람도, 나 자신조차도, 죄를 지으며 죽음으로 달려가는 나
를 도울 수 없다고 고백하고 계십니까? 오직 주님만이 나를
새롭게 할 수 있다고 믿으며, 맹인같이(마 9:27), 수로보니게
여인과 같이(마 15:21-28; 막 7:24-30), 자기를 내던지며 부르
짖고 있습니까? 여러분이 여러분의 구원을 위해 그리스도
와 함께 여러분의 돈을, 그리스도와 함께 여러분의 능력을,
그리스도와 함께 여러분의 지식을 붙들고 있다면, 여러분은
그리스도인이 아닙니다. 혹은 그리스도인으로서 거의 죽음
에 이른 상태입니다. 성령님께서 여러분 자신을 그리스도의
말씀의 다스림 아래에 내려놓게 하시기를 간절히 바랍니다.
그 사랑의 통치 아래에서 기뻐하게 하시기를 간절히 바랍니
다.

셋째, 그리스도의 백성은 자기 죄에서 돌아섬으로 회개할 것입니다.

19절은 그리스도의 백성이 실제로 죄에서 돌아서서 살아가게 될 것을 묘사하고 있습니다. "내가 돌이킨 후에 뉘우쳤"다. 에브라임은 "주께서 나를 이끌어 돌이키소서."라고 구한 이후 얼마 지나지 않아 자신이 '돌이킴 받았다'는 것을 알게 됩니다. 이는 회심의 경험을 묘사하고 있는 것처럼 보입니다. 어둠에서 빛으로, 죽음에서 생명으로, 죄에서 의로, 원수에서 아들로 방향이 뒤집어졌다는 것을 표현하고 있습니다.

이 방향 전환은 계속된 회개의 삶으로 이어집니다. 그는 돌이킴 받은 후에 뉘우쳤다고 말합니다. '뉘우쳤다'는 말 역시 회개를 가리키는 단어로, '스스로 슬퍼하다'라는 의미를 지니고 있습니다. 이제 에브라임은 죄에 대해 스스로 슬퍼합니다. 이 말은 이전에 즐기던 죄들을 자발적으로 멀리한다는 뜻입니다. 이전에 사랑했던 것들을 미워하고, 이전에 지루해하던 일들을 갈망하고 추구합니다. 하나님께서 그리스도의 백성의 마음을 단번에 바꾸시면, 그들의 삶에는 지속적인 회개가 이어집니다. 특별히 성령님께서는 교훈을 통해 그리스도의 백성들이 회개하도록 도우실 것입니다. 계속해서 19절을 보십시오. "내가 교훈을 받은 후에 내 볼기를 쳤사오니," 여기서 "볼기"는 원어상 '허벅지'를 의미합니다. 허벅지를 치는 것은 이스라엘에서 큰 슬픔과 애통의 표현이었습니다(겔 21:12). '내가 무슨 짓을 한 거야! 내가 왜 그랬을까!' 하는 슬픔과 애통의 깨달음이 교훈을 통해 계속해서 주어질 것입니다. 성령님께서 말씀의 교훈으로 그리스도의 백성을 더 깊은 회개에 이르게 하실 것입니다.

그뿐만 아니라 회개의 돌이킴은 우리가 어렸을 때 지은 모든 죄까지 회개하게 할 것입니다. 에브라임은 "어렸을 때" 지은 죄에 대해 수치심을 느낍니다(19절). 사실 많은 죄인이 죄지은 지 오랜 시간이 지나면 그 죄들이 다 없어진다고 착각합니다. 그렇지 않습니다. 사람은 죄를 잊더라도 하나님은 잊지 않으십니다. 그리스도의 백성은 하나님이 잊지 않으시는 죄 때문에 수치스러워합니다. 이처럼 그리스도의 백성은 한 번 돌이킴을 받은 이후에도 계속 죄에서 돌아서면서, 자발적으로 모든 죄에 대해 수치스럽게 여기며 스스로 회개하는 삶을 살게 될 것입니다.

여러분에게 이러한 지속적인 돌이킴이 있습니까? 지속

적인 회개가 일어나고 있습니까? 무기력하게 죄와 악을 좇아 살던 삶을 그치고, 생각과 말과 행동과 삶에서 새로운 습관이 형성되고 있습니까? 여러분은 지금 세상적인 일, 곧 몸의 정욕과 눈의 정욕과 자랑을 추구하는 삶에서(요일 2:15-16) 지속적으로 돌아서서 하나님의 기쁨이 되는 삶을 추구하고 있습니까? 일시적으로 악의 유혹에 끌리고 넘어질 때도 있지만, 끊임없이 돌아서며 죄와 원죄를 회개하고 있습니까? 죄에 대한 이해의 폭이 깊어지고 있습니까? 과거의 죄라고 해서 가벼이 넘기지 않고, 작은 죄에도 민감하게 반응하며 회개하고 있습니까? 여러분에게 이와 같은 돌아섬의 회개가 전혀 나타나지 않는다면, 여러분은 그리스도의 사람이 아닙니다. 혹은 그리스도인으로 거의 죽음에 이른 상태일 것입니다. 이는 제가 전하는 말이 아니라 성령께서 설교를 통해 전하시는 말씀입니다. 성령님께서 우리를 교훈하셔서 회개의 삶이 다시 시작되길, 또 생애 처음으로 죄에서 돌아서는 일이 일어나게 되기를 간절히 바랍니다.

3. 하나님의 사랑

정리해 봅시다. 그리스도의 백성들은 자신의 죄에 대해

진정으로 슬퍼하며, 자기를 포기하고, 돌아서서 계속 회개하는 삶을 살 것입니다. 시간이 갈수록 더 슬퍼할 것이고 더 애통해할 것이며 죄에 더 민감하게 반응하며 살 것입니다. 그런데, 이처럼 슬프고 눈물 흘리는 삶이 그리스도인의 삶이 맞나? 이렇게 살면 너무 우울하고 슬픔에 지치지 않을까? 싶은 생각도 드는 게 사실입니다. 바로 그때, 하나님의 음성이 들려옵니다. 20절을 다 함께 읽어 봅시다. "에브라임은 나의 사랑하는 아들 기뻐하는 자식이 아니냐? 내가 그를 책망하여 말할 때마다 깊이 생각하노라. 그러므로 그를 위하여 내 창자가 들끓으니 내가 반드시 그를 긍휼히 여기리라. 여호와의 말씀이니라." 아멘.

여러분 "나의 사랑하는 아들 기뻐하는 자식이 아니냐?"라는 이 말씀이 어디에 나옵니까? 네, 예수님께서 세례받으실 때 하늘에서 들려온 말씀이죠. "이는 내 사랑하는 아들이요 내 기뻐하는 자라 하시니라"(마 3:17). 하나님은 독생자 예수님께 주신 칭호를 누구에게 주신다고 하십니까? 회개하는 탕자에게, 즉 그리스도를 믿는 자들에게 주신다고 약속하십니다. 자기 자신에 대하여 절망하는 죄인에게 "그는 내 사랑하는 아들이요 내가 즐거워하는 아이다."라고 고백하십니다. 우리의 슬픔을 기쁨으로 바꿔주겠다 하십니다. 우리의 수치를 사랑하는 아들의 영광으로 옷 입혀 주겠다 하십니다. 회개에서 우리의 슬픔이 커질수록, 우리가 받는 위로와 기쁨은 더할 것입니다. 회개가 더 깊고 풍성해질수록, 하나님의 은혜와 사랑을 더 풍성히 알게 될 것입니다. 이것이 회개에 약속된 은혜입니다.

그러므로 사랑하는 성도 여러분, 자녀 여러분, 모두 다 회개하십시오. 회개합시다. 하나님은 스스로에 대해 가장 슬퍼하고 가장 절망하고 있는 사람들, 세상에서 가장 무가치하다고 고백하는 사람들, 태어날 때부터 죄 때문에 영혼이 병들고 죽었음을 시인하는 사람들을 사랑하십니다. 하나님은 "내 창자가 들끓으니 내가 반드시 그를 긍휼히 여기리라." 말씀하시는 하나님이십니다(20절). 원어를 직역하면 이 말씀은 "내 창자가 끊어질 정도로 내가 반드시 그를 사랑하리라."라고 읽을 수 있습니다. 이 약속대로, 하나님은 창자가 끊어질 정도로 세상을 사랑하사 "내 사랑하는 아들, 내 기뻐하는" 독생자를 주셨습니다. 그 아들을 십자가에 죽게 하시고, 그 피로 구원 얻은 그리스도의 백성을 "나의 사랑하는 아들, 기뻐하는 자식"이라고 부르십니다.

사랑하는 성도 여러분, 우리가 어디에서 이런 사랑과 용서를 만나겠습니까? 하나님의 사랑으로부터 도망치지 마십시오. 회개하여 그 사랑으로 돌아오십시오. "주께서 나를 돌이키시면, 내가 돌아오겠나이다." 하고 울며 기도하십시오. 이 기도에 응답하실 하나님의 은혜만이 그 무엇으로도 변화되지 않는 돌 같은 우리를 변화시키실 것입니다. 측량할 수 없는 하나님의 사랑만이 우리를 경건한 슬픔에 이르게 할 것입니다. 그 사랑이 우리가 쥐고 있는 모든 것을 포기하게 하며, 그 사랑이 우리가 계속 회개하며 살아갈 힘이 될 것입니다. 여기 계신 모든 분이 그리스도를 믿고 회개하여 하나님의 사랑하는 아들, 하나님의 기뻐하는 자녀로 살아가게 되시기를, 성부 성자 성령의 이름으로 간절히 축원합니다. 아멘.

설교 묵상

C 장로의 묵상

우리에게 참된 회개가 있기를 소원합니다.

먼저 자신의 죄와 비참의 상태를 철저히 깨닫기를 기도합니다. 거룩한 하나님 앞에서 자신의 발가벗은 모습을 바라보고, 자신의 추하고 부정하며 거짓과 불순종으로 가득한 어둠의 모습을 보게 하옵소서. 양심의 깊은 자책과 부정함에 대한 부끄러움과 후회로 뉘우치게 하시고, 애통하고, 슬퍼하며, 통회하게 하옵소서.

또한 자신의 힘으로, 양심으로, 선한 의지로 죄와 비참의 상태에서 벗어나고자 애써 보지만, 여전히, 오히려 더욱더 거짓과 불순종으로 빠져들어 가는 연약한 자신의 모습을 보게 하시고, 그렇게 아무것도 할 수 없는 자신을 포기하고, 항복을 선언하고, 삼위 하나님의 은혜만을 바라보게 하옵소서.

그리하므로 이제는 우리의 삶이 완전히 삼위 하나님께로 방향을 돌리게 하옵소서. 어둠에서 빛으로, 죽음에서 생명으로, 죄에서 의로, 원수에서 아들로, 방향이 뒤집어짐을 체험하게 하시고, 그리스도와 연합된 중생한 자로서 성령께서 허락하신 선한 의지로 죄에 대해서 죽고 의에 대해서 살도록 힘쓰고 애쓰게 하옵소서.

참된 회개와 믿음을 선물로 받은 우리에게 주시는 하나님의 긍휼히 여기심과 사랑하심에 감사하고 기뻐하며 살아가기를 기도합니다. 그리스도의 구원하심의 은혜를 성령을 통해서 적용하시어 우리를 의롭다 하시고, 양자 삼으시고, 우리를 끝까지 인도해 주옵소서. 결국 하늘의 영광과 아름다움, 그리고 영생을 허락하실 삼위 하나님의 무한한 사랑을 믿고 소망하며, 비록 이 땅에서는 순례자와 나그네의 길을 걷지만, 기쁨과 감사함으로 살아갈 수 있기를 간구합니다.

"하나님이여 주의 인자를 따라 내게 은혜를 베푸시며 주의 많은 긍휼을 따라 내 죄악을 지워 주소서

나의 죄악을 말갛게 씻으시며 나의 죄를 깨끗이 제하소서

무릇 나는 내 죄과를 아오니 내 죄가 항상 내 앞에 있나이다

내가 주께만 범죄하여 주의 목전에 악을 행하였사오니 주께서 말씀하실 때에 의로우시다 하고 주께서 심판하실 때에 순전하시다 하리이다

내가 죄악 중에서 출생하였음이여 어머니가 죄 중에서 나를 잉태하였나이다

보소서 주께서는 중심이 진실함을 원하시오니 내게 지혜를 은밀히 가르치시리이다

우슬초로 나를 정결하게 하소서 내가 정하리이다 나의 죄를 씻어 주소서 내가 눈보다 희리이다

내게 즐겁고 기쁜 소리를 들려 주시사 주께서 꺾으신 뼈들도 즐거워하게 하소서

주의 얼굴을 내 죄에서 돌이키시고 내 모든 죄악을 지워 주소서

하나님이여 내 속에 정한 마음을 창조하시고 내 안에 정직한 영을 새롭게 하소서"

(시 51:1-10)

B 장로의 묵상

'우리는 왜 이렇게 완고하여 회개하려 하지 않을까? 분명 명확히 말씀이 선포되고 성경이 누차 이야기하는 진리임에도 왜 우리는 이처럼 무덤덤할까?'라는 생각이 설교 내내 들었습니다. 이는 아마도 우리 안에 '내가 죄로 인해 죽을 것이다'라는 인식이 없어서가 아닐까 하는 생각이 듭니다. 우리는 죄라고 하면 대부분 사법적인 판단에 따른 죄를 떠올리거나 도덕적인 죄를 떠올립니다. 그러다 보니 때로는 '내가 대체 무슨 죄를 지었나?'라는 생각이 들기도 합니다.

내가 다른 사람에게 피해를 준 적이 없는데... 내가 무슨 나쁜 일을 한 것도 아닌데...

특히, 자신을 그리스도인이라 생각하는 사람들은 나름 십계명을 지키려 하기에 더욱더 위와 같은 생각에 빠지기 쉬운 것 같습니다.

하지만, 죄에 대한 성경적 고찰은 '하나님을 향한 적의'로 나타납니다. 하나님을 향해 대적한다는 말입니다. 하나님에게 합당한 영광을 돌리지 않는 것이 바로 죄라는 거죠.

하나님의 속성은 이 부분에서 중요합니다. 소교리문답에서 그토록 외우던 속성이 너무나 중요합니다. 하나님의 존재, 지혜, 권능, 거룩, 공의, 선하심, 진실하심이 무한하고 영원하고 불변한다는 그분의 속성에 완전함을 더하면 하나님이 어떤 분이신지 알게 됩니다. 하나님의 완전한 선하심에 비하면 우리는 어떨까요? 하나님의 선하심이 크게 다가온다면 우리는 상대적으로 얼마나 비천하게 느껴질까요? 하나님을 알아가면 알아갈수록 우리는 비천한 존재임이 더욱 경험되어집니다. 그리고 하나님의 절대적 선에 비해 우리가 죄인이라는 사실을 극명하게 알게 됩니다. 이처럼 하나님과의 관계 속에서 우리의 죄를 봐야지, 단순히 우리의 행위가 악한 행위인가 하는 식으로 죄를 이해해서는 안 됩니다. 하나님은 무한히 선하시고 완전히 선하시며 그에 비해 우리는 완전한 죄인이라는 사실을 아는 자만이 회개하게 됩니다. 그렇기에 하나님과 관계가 제대로 갖춰진 자만이 회개할 수 있습니다. 좀 더 정확히 말하면, 하나님과 관계가 제대로 형성된 자만이 하나님께서 회개하게 해 주십니다.

저는 기독교의 핵심 중 하나가 '기쁨'(joy)이라고 생각합니다. 즉, 우리의 기쁨의 근원이 어디에 있는가? 이 질문을 던져야 한다는 거죠. 하나님의 말씀의 교제에서 기쁨이 옵니까?
아니면, 세상에 속한 그 무엇에서 기쁨이 옵니까? 여기에
답을 어떻게 하느냐에 따라 하나님과의 관계가 바로잡혀 있
는가, 아니면 하나님과 분리되어 있는가를 알 수 있습니다.

오늘 설교 말씀에는 "회개가 더 깊고 풍성해질수록, 하나님
의 은혜와 사랑을 더 풍성히 알게 될 것입니다. 이것이 회
개에 약속된 은혜입니다."라는 내용이 있습니다. 이 내용이
오늘 설교의 핵심이 아닌가 싶어요. 하나님을 알아갈수록
자신이 얼마나 비천한지 알게 됩니다. 슬프지만, 역설적이
게도 하나님을 알아갈수록 하나님과의 관계가 올바로 형성
되어 우리 안에 기쁨이 생깁니다. 세상 사람들은 이해하지
못하는 이 역설을 우리는 삶에서 경험해야 하지 않을까요?
기독교는 이런 점에서 체험 종교입니다. 단지 머릿속으로
이해하는 종교가 아닌 삶에서 하나님을 경험하는 종교입니
다. 그러니, 삶 속에서 하나님의 일하심을 경험하기를 소원
합니다.

A 장로의 묵상

설교를 듣는 내내

하나님 앞에서

가슴에 저릿저릿… 깊은 통증을 느낍니다. 숨을 쉴 수가 없습니다.

'제가… 숨 쉬고 살아온 날 중 단 하루라도 하나님께는 기쁨이 되었을까?'

반역의 자식으로 태어나, 피는 속일 수 없다고 그 더러운 역모의 피가 흐르는데…

그럼에도 아드님의 피로 안과 밖을 닦으시고, 독생자의 의의 옷을 입혀 주셨건만… 겸손하기는커녕 바리새인이 되어 목이 곧거나, 방종에 빠져 아버지의 고매한 사랑 받음이 당연하단 듯이 능멸하고 있으니… ㅠㅠ

반역의 자식인 것을, 역모의 본성이 여전히 남아 있음을, 그 죄성이 여전히 꿈틀대는 안전하지 않은 자임을 늘 새기겠습니다.

화류계에서 잔뼈가 굵어, 그 바닥의 정서와 기질이 뼛속까지 남아, 순전하신 남편을 두고도 언제라도 눈이 돌아가는 고멜임을… 이것의 저의 본래 모습이었음을 망각하지 않고, 늘 돌이키겠습니다.

설교 후 기도와 회개의 요소를 잘 담은 찬송 339장 '큰 죄에 빠진 날 위해'를 부를 때,
(슬픔) 내 죄가 심히 무거워 구하여 줄 이 없으니…
(포기) 내 뜻을 모두 버리고…
(돌아섬) 또 나를 오라 하시니 주께로 거저 갑니다.

신앙고백으로, 곡조 붙은 간구로 뜨거운 호흡과 함께 내뱉을 때, 눈앞이 흐려지는 경험에 목이 막혀 왔습니다.

평생… 이 맘으로 주께 돌이키며 살다 주 앞에 가기를 열망합니다.

D 장로의 묵상

저는 죄와 한 몸이었던 자였습니다. 아담으로부터 지금까지, 그리고 미래까지도 죄짓기가 저의 수족처럼 자연스러운

자입니다. 죄를 짓지 않으면 중독된 자처럼 몸을 부르르 떨며 안절부절못하는 비참한 존재 자체입니다.

제 힘과 능력으로는 이 굴레에서, 죄와 사망에서, 어둠의 권세에서 해방될 수 없습니다.

그런 저에게 100%의 사랑으로 찾아와 주신 분이 바로 삼위 하나님이십니다.

죄로 멸망 받아 마땅하고 지옥으로 고꾸라져야 마땅한 존재인 저를 위해, 100%의 사랑으로 이 땅 가운데 오셨습니다. 더럽고 추한, 죄악으로 완전히 오염된 저를, 배반하고 미워하고 싫어하며 배척을 일삼았던 극악무도한 저를 품에 안으시고, 십자가에서 보혈을 남김없이 흘려 주셨습니다.

죄를 벗어버리게 하셨습니다. 새 마음을, 새로운 영혼을 주셨고, 새로운 피조물이 되게 하셨습니다.

죄란 놈을 미워하면서도 여전히 죄를 짓는 저를 참으로 슬퍼하게 하셨습니다. 옛 사람의 습관에, 여전히 죄짓기가 너무나 자연스러워서 절망에 빠져 슬픔과 애통 속에 몸부림칠 저를 미리 아시고 성령 하나님을 보내셔서 위로하십니다. 말씀으로 일깨우셔서 오직 그리스도만을 바라보고 의지하게 하십니다. 그 길 외에는 다른 길이 없음을 보여 주십니다. 죄와 싸울 힘을 공급하십니다. 허벅지를 때리며 기도하게 하심으로 죄가 아닌 거룩을 사모하게 하십니다.

그렇습니다. 목사님 말씀처럼, 주님께서 저를 돌이키시면, 제가 돌아옵니다. 말로 다할 수 없는 은혜요, 복입니다. 사랑입니다. 저는 스스로 돌이킬 수 있는 존재가 아닙니다. 주님께서만 하십니다. 은혜 언약을 십자가로 이미 이루셨습니다. 현재의 저는 너무나 연약하고 부족하고 부끄럽고 죄송스럽습니다. 오직 삼위 하나님의 100% 사랑하심과 은혜만을, 주님의 신실하심만을 믿고 신뢰하며 이 땅에서 참된 성도로 살아가길 간절히 기도합니다.

4장
어린양의 피에
목숨을 맡기라

– 회개하지 않는 사람들이 겪게 될
심판에 대하여

권오성

[출애굽기 11장 4-10절]

모세가 바로에게 이르되, 여호와께서 이와 같이 말씀하시기를, 밤중에 내가 애굽 가운데로 들어가리니, 애굽 땅에 있는 모든 처음 난 것은 왕위에 앉아 있는 바로의 장자로부터 맷돌 뒤에 있는 몸종의 장자와 모든 가축의 처음 난 것까지 죽으리니, 애굽 온 땅에 전무후무한 큰 부르짖음이 있으리라. 그러나 이스라엘 자손에게는 사람에게나 짐승에게나 개 한 마리도 그 혀를 움직이지 아니하리니, 여호와께서 애굽 사람과 이스라엘 사이를 구별하는 줄을 너희가 알리라 하셨나니, 왕의 이 모든 신하가 내게 내려와 내게 절하며 이르기를, 너와 너를 따르는 온 백성은 나가라 한 후에야 내가 나가리라 하고, 심히 노하여 바로에게서 나오니라. 여호와께서 모세에게 이르시기를, 바로가 너희의 말을 듣지 아니하리라. 그러므로 내가 애굽 땅에서 나의 기적을 더하리라 하셨고, 모세와 아론이 이 모든 기적을 바로 앞에서 행하였으나, 여호와께서 바로의 마음을 완악하게 하셨으므로 그가 이스라엘 자손을 그 나라에서 보내지 아니하였더라.

[요한복음 1장 29절]

이튿날 요한이 예수께서 자기에게 나아오심을 보고 이르되, 보라, 세상 죄를 지고 가는 하나님의 어린양이로다.

서론

오늘은 애굽에 내려진 열 가지 재앙에 관해 살펴보겠습니다. 그중에서 특별히 열 번째 재앙에 대해 살펴봅시다. 이 내용 자체는 어린 자녀들에게도 익숙한 내용입니다. 그런데 애굽에 내려진 재앙을 살펴볼 때, 사실 우리와는 별 상관이 없는 것처럼 느껴지기도 합니다. 이미 수천 년 전에 끝난 일이기 때문입니다. 하지만 열 가지 재앙은 오늘을 사는 우리에게도 너무나 중요하고 분명한 교훈을 줍니다. 과연 이 본문이 우리에게 무엇을 교훈하고 있는지 함께 살펴보도록 하겠습니다.

첫 번째 교훈입니다.

하나님은 재앙을 내리시기 전에 경고하십니다.

재앙을 내리시겠다는 하나님의 말씀과, 그 말씀을 무시하는 바로 (파라오)

이스라엘 백성들은 애굽(이집트)에서 노예 생활을 하고 있었습니다. 그러던 어느 날, 때가 되자 하나님께서는 백성들을 노예 생활에서 건져낼 한 사람을 부르십니다. 그 사람은 바로 우리가 잘 아는 모세입니다. 모세는 애굽 왕 바로에게 하나님의 말씀을 전합니다. 모세는 바로에게 가서, 이스라엘 백성들을 애굽에서 내보내지 않으면 하나님께서 재앙을 내리실 거라고 분명하게 경고했습니다.

당시 바로는 자신이 태양신의 아들이라고 생각했기 때문에 모세의 말을 듣고 콧방귀를 뀌었습니다. 바로의 입장에서 보면, 웬 노예 한 명이 찾아와서는 듣도 보도 못한 신의 이름으로 명령을 한 것이나 다름이 없었습니다. 얼마나 어이가 없었겠습니까? 그래서 바로는 모세가 전한 하나님의 말씀을 무시하고, 오히려 이스라엘 백성들에게 더 과중한 일을 시킵니다.

애굽인들이 의지하던 신들을 심판하심

그때부터 하나님은 애굽에 온갖 재앙을 내리기 시작하

십니다. 당시 애굽인들은 자신들을 둘러싼 모든 것이 신이라고 생각했습니다. 그런 점에서 애굽에 내려진 재앙들은 그들이 신으로 생각하던 우상들에 대한 심판이었습니다. 나일강이 피로 변하는 재앙을 통해 나일강이 참된 신이 아님이 드러났습니다. 또 해가 어두워지는 재앙에서 그들이 최고의 신으로 섬기던 태양신도 아무것도 아님이 드러났습니다. 애굽인들은 자신들이 의지하던 신들이 심판받는 것을 경험했던 것입니다.

이 재앙들을 통해 온 세상은 여호와 하나님이 어떤 분이신지 알게 되었습니다. 하나님은 어떤 분이십니까? 세상의 우상들은 헛된 것이지만, 하나님은 유일하신 참 하나님이십니다. 천지의 창조주이시며, 온 세상을 다스리시는 만왕의 왕이십니다. 그렇게 아홉 가지의 재앙이 끝나고, 마지막 열번째 재앙만 남았습니다.

자비로우신 하나님의 경고

바로는 이미 아홉 가지 재앙을 겪었습니다. 온 애굽이 쑥대밭이 되었습니다. 이제는 이스라엘 백성들을 애굽에서 내보내 줄 만도 합니다. 그러나 바로는 아직도 이스라엘 백성들을 보내 주지 않았습니다. 자비로우신 하나님께서는 열 번째 재앙을 내리시기 전에 바로에게 어떤 재앙이 내려질지 말씀하십니다. 그 내용이 바로 오늘 본문입니다.

4절과 5절을 보십시오. "모세가 바로에게 이르되, 여호 와께서 이와 같이 말씀하시기를, 밤중에 내가 애굽 가운데 로 들어가리니, 애굽 땅에 있는 모든 처음 난 것은 왕위에 앉아 있는 바로의 장자로부터 맷돌 뒤에 있는 몸종의 장자 와 모든 가축의 처음 난 것까지 죽으리니." 하나님이 친히 애굽 땅에 들어가셔서 그 땅의 처음 난 것들을 다 죽이겠다 고 말씀하십니다. 가장 높은 바로의 장자에서부터, 가장 낮 은 몸종의 장자, 심지어 짐승의 첫째 새끼까지도 가리지 않 겠다 하십니다. 이렇게 재앙을 내리시기 전에 미리 경고하 십니다.

그런데 여기서 주목해 볼 부분이 있습니다. 사실 하나님 은 이렇게 미리 재앙을 예고하실 필요가 없습니다. 왜냐하 면 이제까지 충분히 경고하셨기 때문입니다. 지금까지 애굽 에 아홉 번의 재앙이 내렸습니다. 이제는 그냥 열 번째 재앙 을 일으키시면 됩니다. 바로의 아들을 죽이신 다음에 이스 라엘 백성들을 내보내라고 명령하셔도 됩니다.

그러나 본문에서 보듯이 하나님은 바로에게 어떤 재앙을 내리실지 세세하게 알려 주십니다. 그 이유가 무엇이겠습니까? 분명합니다. 이 재앙에 대해서 듣고 돌이키라는 의미입니다. 지금까지는 계속해서 말씀을 무시했다 하더라도, 이제 마지막 남은 최후의 심판 앞에서는 이 말씀을 듣고, 믿고, 재앙을 피하라고 자비로운 음성을 들려주시는 것입니다.

하나님은 이런 분이십니다. 재앙을 내리시기 전에, 심판하시기 전에 경고하시는 분입니다. 계속해서 말씀을 거역하고 무시하면 큰 심판이 있다고 알려 주시는 분입니다. 그 심판을 피하라는 자비의 음성을 계속 들려주시는 분입니다. 이런 하나님의 말씀을 무시하는 것은 정말 미련한 짓입니다. 왜냐하면 그분은 허풍이 아니라 진짜로 심판을 내리시는 분이기 때문입니다.

오늘날에도 최후 심판을 앞두고 경고하시는 하나님

여러분, 그런데 이 심판이 내린 지 약 3,500년이나 지난 지금, 우리가 이 말씀을 살펴보는 것이 왜 필요할까요? 그 이유는 하나님께서 오늘날에도 경고하고 계시기 때문입니다. 애굽에 내려진 심판은 끝이 났습니다. 하지만 모든 이를 향한 하나님의 심판은 지금도 다가오고 있습니다.

3,500년 전 애굽의 바로에게 경고하신 그 하나님이 오늘날 우리에게도 계속해서 경고하십니다. 온 세상이 언젠가 심판받게 된다고 말씀하십니다. 성경을 통해서 말씀하십니다. 또 설교자들을 통해 설교단에서 말씀하십니다. 언젠가 산 자와 죽은 자 모두가 심판받는 날이 온다고 말입니다.

오늘날 하나님께서 우리에게 다가오는 심판을 미리 말씀해 주시는 이유가 무엇입니까? 사람들이 그 심판을 피하도록 하기 위해서입니다. 자비로우신 하나님은 다가오는 재앙을 피하라고 반복해서 말씀하십니다. 특별히 오늘 제가 이 강단에서, 이 설교를 준비하게 하신 이유가 있으실 것입니다. 하나님은 이 순간, 이 자리에 있는 우리에게 하나님의 경고를 들려주고 계십니다.

여러분은 지금 선포되는 하나님의 경고에 귀를 기울이고 있습니까? 하나님이 언젠가 온 세상을 심판하신다는 것을 믿고 있습니까? 그 심판에서 피할 준비가 되어 있으십니까? 스스로에게 질문하면서 계속해서 설교를 들으시기 바랍니다. 여기서 첫 번째 교훈을 반복합니다. 하나님은 재앙을 내리시기 전에 경고하십니다.

두 번째 교훈입니다.
하나님은 끝까지 거역하는 자를 심판하십니다.

무반응으로 반응하는 바로

앞서 우리는 하나님이 바로에게 하신 경고를 살펴보았습니다. 그렇다면 바로는 이 경고를 듣고 어떻게 반응했을까요? 바로의 반응을 보십시오. 8절입니다. "왕의 이 모든 신하가 내게 내려와 내게 절하며 이르기를, 너와 너를 따르는 온 백성은 나가라 한 후에야 내가 나가리라 하고, 심히 노하여 바로에게서 나오니라."

이상한 점이 있지 않습니까? 분명 바로가 반응해야 하는데 바로의 반응은 나타나지 않고 모세가 말하고 있습니다. 사실 이것 자체가 반응입니다. 바로는 너무나 완악해서, 재앙을 듣고 피하라는 이 자비의 말씀을 듣고도 무시하는 것으로 반응했습니다. 즉, 아무런 반응을 보이지 않는 것이 그의 반응이었습니다.

자비를 무시하는 바로를 향한 모세와 하나님의 분노

그래서 8절 마지막 부분을 보시면, 모세가 심히 분노합니다. 자비로우신 하나님께서 기회를 주시는데, 그 기회마저도 걷어차 버리는 바로를 보고 머리끝까지 화가 났던 것입니다. 화가 난 모세는 바로에게 일침을 날리고 나옵니다. 8절 앞부분을 이렇게 말할 수 있습니다. "당신과 당신의 신하들이 나에게 절하면서 제발 애굽에서 나가달라고 해야 내가 애굽에서 나갈 것이다!" 원어의 의미를 살리면 "당신들이 나가달라고 간청해야 내가 나가겠다!"라는 의미입니다.

이어서 9절을 보시면 하나님께서 모세와 아론에게 말씀하십니다. 바로의 마음을 꿰뚫어 보시는 하나님께서는 그가 모세와 아론의 말을 듣지 않을 것이라 하십니다. 바로가 끝까지 강퍅한 마음으로 하나님을 무시할 것이라 하십니다. 그러므로 애굽에 반드시 열 번째 재앙이 내려질 것이라고 알려 주십니다.

바로의 완악함: 하나님이 내버려두신 결과

참 안타까운 일입니다. 도대체 바로는 왜 이렇게 완악한 모습을 보일까요? 도대체 이유가 무엇일까요? 오늘 본문의 마지막 구절은 바로가 이렇게까지 완악해졌던 이유를 명확히 보여 줍니다. 10절입니다. "모세와 아론이 이 모든 기적을 바로 앞에서 행하였으나, 여호와께서 바로의 마음을 완악하게 하셨으므로 그가 이스라엘 자손을 그 나라에서 보내지 아니하였더라." 앞선 모든 재앙을 경험했음에도 불구하고 바로의 마음이 변하지 않은 이유가 무엇 때문이라고 합니까? 여호와께서 바로의 마음을 완악하게 하셨기 때문이라고 말씀합니다.

여기서 이 말씀을 잘 이해해야 합니다. 이 말씀을 잘못 이해하면 하나님께서 바로에게 악한 마음을 심으셨다고 생각할 수 있습니다. 그러나 이 말씀은 그런 뜻이 아닙니다. 하나님은 바로에게 악한 마음을 강제로 심으신 적이 없습니다. 하나님이 바로에게 하신 일이라고는 그를 그냥 가만히 내버려두신 것밖에 없습니다. 무엇을 하셨다구요? 그냥 내버려두셨습니다. 바로에게 특별한 은혜를 베풀어 주시지 않고, 그냥 그가 하고 싶은 대로 하게 하셨습니다. 그랬더니 바로는 하나님의 말씀을 완악하게 끝까지 거역했습니다. 하나님이 베풀어 주신 마지막 회개의 기회마저도 발로 차 버렸던 것입니다.

지독히도 말씀에 반응하지 않는 사람들

여기서 보듯이 하나님께 버림받은 사람은 지독히 완악합니다. 그래서 눈앞에 재앙이 다가오고 있다는 말씀을 듣고도, 경고의 말씀을 듣고도, 끝까지 무반응으로 일관합니다. 오늘 본문에 따르면 말씀을 끝까지 무시하는 자가 구원에서 떨어진 자입니다. 말씀에 지독히도 반응하지 않는 자가 심판받을 자입니다.

우리는 오늘 이 말씀 앞에 두려워하며 떨어야 합니다. 우리는 자신이 심판받지 않는다고 생각합니다. 그 이유가 무엇입니까? 자신이 매주 예배에 잘 참석하고 있기 때문에 심판받지 않는다고 생각하는 사람이 있습니다. 자신이 성경과 교리를 잘 알고 있기 때문에 심판받지 않는다고 생각하는 사람도 있습니다. 자신이 설교를 열심히 듣고 있기 때문에 심판받지 않는다고 여기기도 합니다.

그러나 말씀을 열심히 듣는 것은 심판받는 자도 할 수 있습니다. 오늘 본문을 보십시오. 애굽 왕 바로도 하나님의 말씀을 열심히 들었습니다. 심지어 가장 위대한 선지자, 모세를 통해 하나님의 음성을 듣고 있습니다. 하지만 바로는 그 말씀을 듣고도 끝까지 반응하지 않았습니다. 그리하여 심판을 받았던 것입니다.

그러므로 만약 우리가 하나님의 말씀을 계속해서 듣고도 반응하지 않는다면 너무나 위험한 상태에 있는 것입니다. 설교를 열심히 듣고, 교리를 열심히 배워서 성경에 대해 머리로 잘 알고 있다 할지라도, 만약 우리가 지독하게 그 말씀에 반응하지 않는다면 우리는 구원받은 사람이 아닐지도 모릅니다. 어쩌면 우리는 심판받을 자, 버림받은 자인지도 모릅니다. 그러니 여러분, 말씀에 반응하지 않는 자가 심판받는다는 이 본문의 교훈을 가볍게 여기지 마십시오. 두렵고 떨림으로 들으시기 바랍니다. 바로를 보고 교훈을 받으십시오. 여기서 두 번째 교훈을 반복합니다. 하나님은 끝까지 거역하는 자를 심판하십니다.

세 번째 교훈입니다.

하나님은 죽음보다 더 큰 고통으로 영원히 심판하십니다.

애굽인들의 믿음과 소망이었던 장자

이처럼 바로는 말씀에 반응하지 않고 있습니다. 그런데

지금 바로의 상황을 생각해 보면, 무반응으로 일관해서는 안 되는 처지입니다. 하나님께서는 어떤 재앙이 다가온다고 경고하셨습니까? 장자 즉, 첫째 아들이 죽을 것이라 하셨습니다. 이 재앙은 그냥 듣고 무시할 만한 재앙이 아닙니다.

바로의 장자는 장차 바로가 될 존재입니다. 당시 사람들은 바로가 태양신의 아들이라고 여겼습니다. 이 바로의 첫째 아들이 왕이 되면, 그도 태양신의 아들이라고 여겨지게 됩니다. 그런 점에서 바로의 장자는 살아있는 신이요, 백성들에게 믿음의 대상이었습니다. 바로의 왕궁에서뿐만 아니라, 애굽 사회에서 장자는 집안의 모든 권한을 가진 존재였습니다. 집안의 모든 권한을 이어받을 존재였기 때문에 장자는 소망의 대상이기도 했습니다. 그들에게 믿음과 소망의 대상이었던 장자가 죽임을 당하기 직전입니다.

가장 무서운 재앙: 죽음보다 더 무서운 자녀의 죽음

그런데 그 무엇보다도 중요한 게 있습니다. 지금 그들 앞에 놓인 이 재앙은 '자녀'가 죽는 재앙입니다. 그 자체로 이 재앙은 가장 두려운 재앙입니다. 부모 여러분, 여러분에게 가장 무서운 재앙이 무엇입니까? "너를 죽이겠다!"라는 말이 두렵습니까? 아니면 "너의 자녀를 죽이겠다!"라는 말이 두렵습니까? 당연히 우리의 목숨보다 더 사랑하는 자녀가 죽임을 당하는 것이 훨씬 더 무섭고 슬프고 괴로운 일입니다. 그러므로 지금 그들 앞에 놓인 재앙은, 자신의 죽음보다도 더 큰 고통이 찾아올 것이라는 말입니다. 그런데도 지금 바로는 그 무서운 재앙의 말씀을 무시하고 있습니다.

장자의 죽음: 애굽인들이 의지하는 모든 신에 대한 심판

도대체 바로는 왜 계속해서 경고를 무시할까요? 그 이유는 아직도 애굽의 신들을 믿고 있었기 때문입니다. 지금까지는 애굽의 신들이 재앙을 막지 못했지만, 다가오는 장자의 죽음만큼은 그 신들이 막아주리라고 믿었습니다. 다른 애굽인들도 마찬가지였습니다.

그래서 출애굽기 12장 12절을 보시면, 하나님은 장자의 죽음이 어떤 의미인지 다시 한번 설명해 주십니다. "... 애굽 땅에 있는 모든 처음 난 것을 다 치고 애굽의 모든 신을 내가 심판하리라 ..." 여기서 보듯 장자의 죽음은 애굽인들이 의지하던 모든 신이 아무것도 아님을 드러내 주는 심판이었습니다.

애굽의 바로와 백성들은 자신의 첫째 아들을 지켜달라고 애굽의 신들에게 기도할 것입니다. 그러나 그들의 모든 기도는 응답 되지 않을 것입니다. 왜냐하면 그들이 의지하는 신은 죽은 신이기 때문입니다. 결국 그들은 자신의 목숨보다 더 사랑하는 장자가 죽임당하는 것을 보게 될 것입니다. 하나님의 경고를 끝까지 듣지 않고 우상을 믿었던 그들은 '죽음보다 더 큰 고통'을 당하게 될 것입니다.

애굽에 울려 퍼진 전무후무한 큰 부르짖음

그렇게 심판의 날이 다가왔습니다. 어떻게 되었을까요? 당연히 하나님의 말씀 그대로 심판이 이루어졌습니다. 바로의 장자는 죽습니다. 높은 자라고 한들, 하나님의 심판을 피할 만큼 높은 자는 없었습니다. 낮은 자라고 한들, 하나님의 심판에서 제외될 정도로 낮은 자도 없었습니다. 그래서 맷돌을 돌리던 몸종의 장자까지도 죽습니다.

그리하여 6절 말씀에서 예언되었듯이, 애굽에 전무후무한 큰 곡성이 있었습니다. 하나님의 말씀을 끝까지 거역하던 자들이, 자기 자신보다 더 사랑하는 이의 죽음을 바라보며, 이 땅에서 겪을 수 있는 최악의 고통을 겪게 되었습니다. 그날 애굽은 이 땅의 지옥이 되었고, 말로 다할 수 없는 비극적인 울음소리로 가득 찼습니다.

여러분, 이 울음소리를 상상해 볼 수 있겠습니까? 우리는 가끔 장례식에 참석하고, 화장터에도 방문하게 됩니다. 제가 화장터에 방문했던 어느 날, 저는 평생 잊을 수 없는 울음소리를 들은 적이 있습니다. 그 소리는 울음소리라기보다는 비명에 가까웠습니다. 도대체 어디에서 이런 비명이 나는지 둘러보니, 한 젊은이의 영정 사진 앞에서 그 부모가 실신하듯 울부짖고 있었습니다. 너무나 젊은 청년이었는데, 아마도 갑자기 죽음을 맞이한 것 같았습니다. 그 부모는 도무지 받아들일 수 없는 그 죽음에 괴성을 지르며 슬퍼했습니다. 저는 그날 울부짖는다는 표현이 어떤 것인지 처음으로 이해하게 되었습니다. 애굽의 장자들이 죽임을 당한 그날, 애굽 온 땅에 바로 그런 울부짖음이 울려 퍼졌습니다. 하나님의 말씀을 끝까지 거역한 자들은, 죽음보다 더 큰 고통으로 몸서리치게 괴로워했습니다.

죽음보다 더 큰 고통을 받고도 회개하지 않는 애굽인들

여러분, 이렇게 죽음보다 더한 고통을 겪었으면 이제는

회개해야 하지 않겠습니까? 놀랍게도, 바로는 그런 고통을 겪고도 회개하지 않습니다. 물론, 장자의 죽음 이후에 바로는 이스라엘 백성들이 애굽 땅에서 나가도록 허락합니다. 그러나 이스라엘 백성들이 애굽을 떠나자마자 바로가 어떻게 합니까? 다시 마음이 완악해진 그는 곧바로 군대를 이끌고 이스라엘 백성들의 뒤를 쫓습니다. 그러다가 결국 홍해에 빠져 다 죽게 됩니다. 장자의 죽음을 당하고도, 그 고통을 당하고도 진정으로 회개하지 않았다는 말입니다.

죽음보다 더 큰 고통을 받으면서도 회개하지 않을 죄인들

성도 여러분, 이 심판은 마치 장차 온 세상에 임할 하나님의 심판을 미리 보여 주는 것 같습니다. 오늘 본문에서 애굽인들은 하나님의 말씀과 경고를 끝까지 무시하다가 죽음보다 더 큰 고통을 당했습니다. 마찬가지로 지금 이 시대에도 하나님의 경고가 계속됩니다. 그 경고를 끝까지 무시하는 사람은 결국 죽음보다 더 큰 고통을 당하게 될 것입니다. 최후 심판 날이 이르면 우리는 상상할 수도 없는 고통, 지옥의 고통을 당하게 될 것입니다. 그 지옥의 고통에 비하면, 지금 애굽인들이 당한 고통은 아무것도 아닐 것입니다.

심지어 지옥은 영원히 고통을 당하는 곳입니다. 왜냐하면 지옥에 떨어진 죄인들은 그곳에서도 영원히 회개하지 않기 때문입니다. 오늘 본문에서 바로는 분명 자녀가 죽임을 당하는 최악의 고통을 당했습니다. 그런데도 끝까지 회개하지 않고 있습니다. 마찬가지로 지옥에 떨어진 죄인들은 그곳에서 가장 끔찍한 고통을 당하면서도 회개하지 않습니다. 악인들은 지옥에서도 회개하지 않기 때문에 영원히 고통받게 되는 것입니다.[30] 그래서 예수님은 악인들이 지옥에서도 이를 갈며 억울해할 것이라고 말씀합니다(마 13:41-42). 오늘 애굽에 내려진 심판은 지옥에서 최악의 고통을 당하면서도 회개하지 않는 죄인들의 모습을 너무나 잘 보여 주고 있습니다.

하나님의 경고를 끝까지 무시하는 자들의 결말이 이것입니다. 다가오는 심판의 날까지 말씀에 반응하지 않는 사람들은 결국 죽음보다 더 큰 지옥의 고통을 당할 것입니다. 지옥에서 죽음보다 더 큰 고통을 당하면서도 끝까지 회개하지 않고 영원히 고통받을 것입니다. 바로 이것이 열 번째 재앙이 보여 주는 심판에 관한 교훈입니다. 여기서 세 번째 교훈을 반복합니다. 하나님은 죽음보다 더 큰 고통으로 영원히 심판하십니다.

마지막 네 번째 교훈입니다.
하나님은 어린양의 피에 목숨을 맡긴 사람을 구원하십니다.

중간 정리

지금까지 살펴본 것처럼 오늘 본문은 무시무시한 심판에 대한 말씀입니다. 하나님은 애굽을 재앙으로 심판하시기 전에 먼저 경고하셨습니다. 그러나 바로와 백성들은 끝까지 그 경고에 반응하지 않았습니다. 그리하여 결국 죽음보다 더 큰 고통을 당하게 되었습니다. 이 심판은, 장차 온 세상에 임할 하나님의 마지막 심판을 미리 보여 주고 있습니다.

재앙에서 벗어난 이스라엘 백성들

이처럼 애굽인들이 심판받을 때, 심판을 받지 않은 이들이 있었습니다. 누구일까요? 바로 이스라엘 백성들입니다. 7절을 보십시오. 하나님께서 이스라엘 백성들에게는 "개 한 마리도 그 혀를 움직이지 아니하리니"라고 말씀합니다. 개는 무슨 소리가 나면 곧바로 알아차리고 짖습니다. 하지만 이스라엘 백성들의 집에는 아무 일도 일어나지 않습니다. 그래서 개도 아무런 소리를 내지 않는다는 말입니다. 이스라엘 백성의 집에는 재앙이 미치지 않았습니다.

유월절 규례를 지키면 살리라 하신 하나님

어떻게 그럴 수 있었을까요? 그 이유가 출애굽기 12장에 나옵니다. 하나님은 재앙을 내리시기 전에, 이스라엘 백성들에게 유월절 규례를 알려 주시고 지키라 하십니다. 유월절 규례가 무엇입니까? 아무런 흠도 없는 1년 된 숫양을 미리 선택했다가, 그날에 무교병(누룩 없는 떡)과 함께 잡아먹는 것이 유월절 규례입니다. 백성들은 단순히 어린양을 잡아먹는 것이 아니라, 그 양의 피를 받아 문 인방과 좌우 기둥에 뿌려야 했습니다. 하나님은 그렇게 유월절 어린양의 피가 뿌려져 있는 집에는 재앙을 내리지 않겠다 하셨습니다. 이 말씀은 그대로 이루어졌습니다. 온 애굽에 재앙이 내린 날, 어린양의 피가 뿌려진 집에는 재앙이 미치지 않습니다.

심판과 구원의 공식: 어린양의 피에 목숨을 맡기라!

하나님의 말씀을 무시하고 우상에 목숨을 맡긴 자들은 다 죽임을 당했습니다. 반면, 말씀에 반응하여 어린양의 피에 자신의 목숨을 맡긴 자들은 다 구원을 받았습니다. 이것이 심판의 공식입니다. 무서운 심판이 다가올 때, 어린양의 피에 목숨을 맡긴 자는 구원을 얻습니다. 자비로우신 하나님께서는 이스라엘 백성들에게 이 공식을 알려 주고 계십니다.

오늘날에도 유효한 심판과 구원의 공식

여러분, 놀랍게도 이 심판과 구원의 공식은 오늘날에도 여전히 유효합니다. 하나님은 다가오는 마지막 심판 때에도 똑같은 방식으로 구원을 베푸십니다. 계속해서 하나님의 말씀을 거역하는 죄인들에게는 무시무시한 심판과 재앙이 찾아올 것입니다. 그러나! 어린양의 피에 자신의 생명을 맡기는 자는 구원을 받을 것입니다.

여러분, 우리가 믿고 의지해야 할 어린양은 누구입니까? 그 어린양은 바로 우리의 죄를 대신 짊어지고 죽으신 예수 그리스도이십니다. 오늘 두 번째로 읽은 요한복음 1장 29

절을 보십시오. 세례 요한은 증언합니다. "이튿날 요한이 예수께서 자기에게 나아오심을 보고 이르되, 보라, 세상 죄를 지고 가는 하나님의 어린양이로다." 세례 요한의 증언대로 예수님이 어린양이십니다.

우리 교회는 매주 성찬식을 거행합니다. 우리는 성찬의 빵이 찢어지는 것을 두 눈으로 보면서, 예수님께서 우리를 위해 대신 살을 찢어주셨음을 봅니다. 성찬의 포도주가 잔에 부어지는 것을 보면서, 예수님께서 우리를 위해 피를 흘려 주셨음을 봅니다. 예수님께서 우리를 위해 살이 찢기시고 피를 흘리신 어린양이 되셨음을 우리는 매주 바라봅니다. 애굽에서 어린양의 피에 자신의 생명을 맡긴 자를 구원하신 하나님은, 다가오는 마지막 심판대 앞에서도 어린양이신 예수 그리스도의 피에 자신의 생명을 맡긴 자들을 구원하실 것입니다.

반드시 심판받아야 하는 죄: 하나님을 무시하고 조롱한 죄

사실 하나님을 거역한 죄는 반드시 심판을 받아야 합니다. 과거에 어명을 거역한 자는 반드시 벌을 받았습니다. 왕의 권위를 실추시켰기 때문입니다. 만약 왕이 자신을 모욕하는 자를 심판하지 않는다면, 그것은 왕의 권위를 땅에 떨어뜨리는 일일 것입니다. 왕의 권위는 왕의 모든 것이나 다름없습니다. 그러므로 왕은 반드시 그런 자들을 심판했습니다.

한낱 인간 왕의 권위를 무시해도 벌을 받습니다. 하물며 온 세상을 지으신 하나님의 말씀을 거역하며 그분의 권위를 실추시킨 죄는 얼마나 큰 죄입니까? 심지어 하나님의 자비를 무시하며 그분을 조롱한 죄가 얼마나 클지는 다 표현할 수도 없습니다. 하나님은 자신의 권위가 결코 땅에 떨어지지 않게 하십니다. 하나님을 모욕하고 조롱한 자를 반드시 심판하십니다.

하나님을 모욕한 죄인들이 받아야 할 형벌은 죽음보다 더 큰 고통입니다. 그래서 오늘 바로와 애굽 백성들은 죽음보다 더 큰 고통을 당했던 것입니다. 그리고 여러분, 지금도 하나님을 모욕한 사람들을 향한 마지막 심판이 다가오고 있습니다. 그날에 죄인들은 죽음보다 더 큰 고통이요, 장자의 죽음보다 더 큰 고통인, 지옥의 고통을 당하게 될 것입니다.

어린양 예수 그리스도를 통해 보이시는 하나님의 무한한 자비

그러나 여러분! 자비로우신 하나님께서는 자신을 모욕

한 죄인들까지 사랑하셨습니다. 그래서 죄인들이 무시무시한 심판을 피할 수 있도록 방법을 알려 주십니다. 그 방법은 바로 죄인들 대신 심판받으신 어린양 예수 그리스도를 믿는 것입니다. 정말로 예수 그리스도께서 우리 대신 살이 찢기시고 피를 흘리시며 지옥의 고통을 당하셨음을 믿으라 하십니다. 그리하면 심판에서 벗어날 것이라 말씀하십니다.

심지어 예수 그리스도는 하나님의 아들이십니다. 하나님이 가장 사랑하는 분이십니다. 그런데 하나님은 자신을 모욕한 죄인들을 구원하시기 위해, 자신이 가장 사랑하는 아들을 지옥의 고통에 내어주셨습니다. 바로 그것이 십자가에서 일어난 일입니다. 그래서 세례 요한은 예수님을 보고 "세상 죄를 지고 가는 하나님의 어린양"이라 말했던 것입니다. 참 이해할 수 없는 신비입니다.

이것이 최후의 심판 앞에서 주어진 마지막 기회입니다. 만약 하나님이 보내 주신 어린양 예수 그리스도 믿기를 거부한다면, 더 이상의 기회는 없습니다. 하나님은 헤아릴 수 없는 자비로 예수님을 보내 주셨습니다. 그런데 그 예수님까지 거부하는 것은 하나님의 사랑과 자비까지도 무시하고 조롱하는 것입니다. 그 사랑과 자비까지도 끝까지 조롱하고 욕보이는 자들이 용서받을 수 있는 길은 어디에도 없습니다.

하나님은 지금 이 순간, 이곳에서, 설교를 통해 우리에게 말씀하십니다. "내가 너희를 위해 보낸 어린양 예수 그리스도를 믿으라." 하십니다. 우리는 이 말씀에 반응해야 합니다. 이 말씀을 듣고, 우리를 위해 죽음보다 더 큰 고통을 당하신 그분을 믿어야 합니다. 어린양 예수 그리스도를 믿고, 장차 다가올 죽음보다 더 큰 고통을 피해야 합니다.

구원받는 자의 진정한 믿음: 예수님께 목숨을 거는 것

특별히 여기서 강조하고 싶은 것이 있습니다. 예수님을 믿는다는 것은, 그냥 미적지근하게 믿는 것이 아닙니다. 진정으로 예수님을 믿는 사람은 자신의 모든 것을 다 팔아서 하나님 나라를 사는 사람입니다(마 13:44-46). 마음과 뜻과 힘을 다해서 하나님을 사랑하는 사람이 구원받은 사람입니다(마 22:37-38). 예수님 안에서 모든 삶을 살아내는 것이 믿음입니다(갈 2:20). 다른 것을 다 잃어도, 그분을 위해서 사는 것이 인생의 가장 큰 행복이라 고백하는 것이 믿음입니다(빌 3:8).

성경은 무엇이 믿음이라고 일관되게 가르칩니까? 모든 삶을 예수님께 완전히 던지는 것이 믿음이라고 가르칩니다. 물론 믿음이 약한 성도도 있고 강한 성도도 있습니다. 그러나 성경이 대충 믿는 것을 믿음이라고 말한 적이 단 한 번도 없다는 사실을 기억하십시오. 진정으로 믿는 사람은 예수님께 목숨을 건 사람들입니다.

그러므로 단순히 교회당에 출입한다고 해서 구원받은 사람이 아닙니다. 자기 자신을 위해서 사는 사람은 구원받은 사람이 아닙니다. 하나님보다 세상을 더 사랑하는 사람은 구원받은 사람이 아닙니다. 돈에서 가장 큰 행복을 얻는 사람도 구원받은 사람이 아닙니다. 말씀을 알려고 하지도 않고, 말씀대로 살고자 하지도 않는 사람은 구원받은 사람이 아닙니다. 예수님께 우리의 모든 것을 다 던지지 않는 사람은 구원받은 사람이 아닙니다. 어떤 사람이 구원받은 사람입니까? 우리를 위해 피 흘리신 어린양 예수님께 목숨과 인생을 건 사람이 바로 구원받은 사람입니다.

심판에서 건짐 받아 영원히 찬양하라

오늘 본문의 이스라엘 백성들을 보십시오. 백성들은 어

린양의 피에 진정으로 자신의 목숨을 맡겼습니다. 그 결과 심판에서 건짐 받았습니다. 우리도 마찬가지입니다. 하나님의 아들이신 예수 그리스도께 우리의 목숨을 맡겨야 합니다. 전 삶을 맡겨야 합니다. 그런 자가 구원을 받습니다.

이 열 번째 재앙을 꼭 기억하십시오. 끝까지 말씀을 믿지 않고 어린양을 의지하지 않다가 멸망한 애굽인들을 보고 교훈을 받으십시오. 어린양의 피에 목숨을 맡김으로써 구원받은 이스라엘 백성들을 보고 교훈을 얻으십시오.

그리하여 어린양 예수 그리스도께 삶을 전적으로 맡김으로써, 다가오는 마지막 심판에서 건짐 받는 우리가 되길 원합니다. 단순히 구원받을 뿐만 아니라, 이 놀라운 구원을 베푸신 하나님과 어린양 예수 그리스도를 영원히 찬양하는 우리가 되기를 소망합니다. 여기서 마지막 네 번째 교훈을 반복합니다. 하나님은 어린양의 피에 목숨을 맡긴 사람을 구원하십니다.

결론

말씀을 정리하며 맺겠습니다. 오늘 우리는 출애굽기 11장 4–10절과 요한복음 1장 29절을 통해 심판과 구원에 대해서 살펴보았습니다.

첫째, 하나님은 재앙을 내리시기 전에 경고하십니다.

둘째, 하나님은 끝까지 거역하는 자를 심판하십니다.

셋째, 하나님은 죽음보다 더 큰 고통으로 영원히 심판하십니다.

넷째, 하나님은 어린양의 피에 목숨을 맡긴 사람을 구원하십니다.

하나님을 끝까지 거역한 자들은 죽음보다 더 큰 고통을 당합니다. 그 고통에서 우리를 건지실 분이 있습니다. 바로 예수 그리스도이십니다. 그분은 우리를 위한 어린양이 되셔서, 우리가 받아야 했을 모든 고통을 대신 받으셨습니다. 그런 예수님이 우리의 유일한 구원자이심을 믿고, 그분께 우리의 모든 생명을 다 맡기는 사람은 구원을 받습니다.

다가오는 심판 속에서 구원을 얻는 우리가 되기를 원합니다. 지옥에서 영원히 회개하지 않는 자가 아니라, 구원하신 하나님을 영원히 찬송하는 우리가 되기를 원합니다. 이 놀라운 구원의 복이 광교장로교회 모든 성도에게 있기를, 성부와 성자와 성령의 이름으로 축원합니다. 아멘.

설교 묵상

A 장로의 묵상

1. 우리는 하나님을 철저히 불인정하며 하나님의 뜻에 불순종하는 바로와 같은, 마음이 완악한 죄인임을 고백합니다.

2. 우리는 바로와 애굽 사람들과 같이 하나님을 끝까지 거역하다가 결국 하나님의 불같은 진노 가운데 죽음보다 더 큰 고통으로 영원히 심판받아 마땅한 자임을 고백합니다.

> "사람들이 하나님을 인정하기를 싫어하므로, 하나님께서는 사람들을 타락한 마음자리에 내버려두셔서, 해서는 안 될 일을 하도록 놓아두셨습니다. 사람들은 온갖 불의와 악행과 탐욕과 악의로 가득 차 있으며, 시기와 살의와 분

쟁과 사기와 적의로 가득 차 있으며, 수군거리는 자요, 중
상하는 자요, 하나님을 미워하는 자요, 불손한 자요, 오만
한 자요, 자랑하는 자요, 악을 꾸미는 모략꾼이요, 부모
를 거역하는 자요, 우매한 자요, 신의가 없는 자요, 무정
한 자요, 무자비한 자입니다. 그들은, 이와 같은 일을 하
는 자들은 죽어야 마땅하다는 하나님의 공정한 법도를 알
면서도, 자기들만 이런 일을 하는 것이 아니라, 이런 일을
저지르는 사람을 두둔하기까지 합니다."

(롬 1:28-32, 새번역)

3. 문설주에 발린 어린양의 피로 말미암아 무서운 심판에서
구원받은 이스라엘 백성들처럼, 우리를 하나님의 진노와 영
원한 심판으로부터 구원할 유일한 방법은 세상 죄를 지고
가는 하나님의 어린양인 예수 그리스도의 피로 인한 공로임
을 확신합니다.

4. 성경은 이러한 그리스도의 공로를 의지하여 우리의 모든
삶을 예수님께 완전히 던지는 것을 믿음이라 말합니다. 대
충 믿는 것을 믿음이라고 말한 적이 없고, 진정으로 믿는 자

는, 예수님께 목숨을 건 사람, 맡긴 사람들입니다. 단순히 교회당에 출입한다고 해서 구원받은 사람이 아니고, 자기 자신을 위해서 사는 사람이 구원받은 사람이 아니며, 세상을 가장 사랑하는 사람도, 돈에서 가장 큰 행복을 얻는 사람도 구원받은 사람이 아니라고 합니다. 도무지 말씀을 알려고 하지도 않고, 말씀을 의지하지도 않는 사람은 구원받은 사람이 아니며, 전 삶을 통해 하나님께 감사하지도 않고, 높이지도 않는 사람은 구원받은 사람이 아니라고 합니다.

우리를 위해 피 흘리신 어린양 예수님께 오롯이 목숨과 인생을 건 사람이 바로 구원받은 사람이라고 분명히 말하고 있습니다.

5. 오 주님, 그러나 우리는 여전히 죄의 잔재와 세상의 욕망을 좇아 불순종하고 죄악의 어둠 속에서 헤맬 때가 많습니다. 자신이 구원받은 참 믿음을 소유했는지 불안해하고 두려워하며, 더 나아가 낙심하고 절망해서 우리의 삶을 놓아버릴 때가 많은 부정하고 연약한 자입니다.

오직 삼위 하나님의 긍휼히 여기심과 자비하심만을 의지합니다. 매 순간 예수 그리스도, 그 어린양의 보혈을 전적으로 의지하고, 그분의 주되심을 인정하며, 그분의 말씀에 온전히 순종하는 삶을 살아갈 수 있도록 성령 하나님의 은혜와 인도만을 간구합니다.

B 장로의 묵상

오늘은 설교를 들으면서 궁금했던 내용을 묵상하며 정리해 보았습니다.

> "왕의 이 모든 신하가 내게 내려와 내게 절하며 이르기를, 너와 너를 따르는 온 백성은 나가라 한 후에야 내가 나가리라 하고 심히 노하여 바로에게서 나오니라." (출 11:8)

참 이해가 되지 않았습니다. 이집트인들이 하나님께서 살아계시다는 증거를 그토록 여러 번 보고도 믿지 못하는 부분이 말입니다. 오늘 말씀에 나오는 이 심판 외에 앞서 여러 심판을 받았는데도 왜 하나님을 믿지 못할까? 오히려 왜 이집트에서 나가달라고 말할까? 깊이 묵상해 보았습니다.

확실한 것은 하나님에 관한 지식이 일부 있다고 해서 구원받는 것은 아니라는 사실입니다. 이집트인들은 여러 심판을 통해 하나님이 살아계신 하나님이시며 권능의 하나님이신 것을 확실히 알았을 겁니다. 하지만, 이들이 이 모든 심판을 경험하고도 회개하고 하나님께로 나아가는 것이 아니라 오히려 이스라엘에게 나가달라고 요청한다는 예언을 지금 모세가 하고 있습니다.

이집트인들은 자신이 의지하던 신들이 심판받는 것을 경험하였습니다. 그렇다면 왜 이들은 자신의 신이 참된 신이 아님을 알았음에도 참된 신을 찾지 않았을까요? 당시는 지역신 사상이 있던 시대며 다신론의 시대였다는 점을 기억해야겠습니다. 신이 하나라는 생각을 하지 않던 시대였지요. 게다가 나라 간의 전쟁 역시 이중적으로 이루어진다고 생각했던 시대였습니다. 즉, 하늘에서는 신들의 싸움이, 땅에서는 인간의 싸움이 일어난다고 생각했습니다. 그러기에 이들은 참된 신을 보고도 단지 자신이 섬기는 신이 순간 좀 약했으리라 판단했을 뿐이며 이스라엘이 나간다면 해결될 거라 여겼을 수 있습니다. 이런 생각으로 인해 참된 하나님을 체험했음에도 하나님을 자신의 주로 생각하지 않았을 겁니다.

즉, 당시의 시대정신으로 인해 참된 하나님을 나의 주로 받아들이지 못했다는 거죠.

하지만, 라합을 보십시오. 라합이 무어라 얘기했나요?

> "우리가 듣자 곧 마음이 녹았고 너희로 말미암아 사람이
> 정신을 잃었나니, 너희의 하나님 여호와는 위로는 하늘에
> 서도 아래로는 땅에서도 하나님이시니라." (수 2:11)

라합의 고백이 놀랍습니다. "위로는 하늘에서도 아래로는 땅에서도 하나님이시니라." 즉, 땅과 하늘에서 유일하신 하나님이심을 고백하는 장면입니다. 다신론의 사회에서 이렇게 유일신으로 넘어가는 고백은 참 놀랍습니다. 즉, 시대정신을 떠나 진리에 복종하는 자세를 볼 수 있습니다. 이집트인들에게서는 볼 수 없었던 고백입니다. 라합은 단지 하나님이 하신 일을 듣기만 했을 뿐인데도 시대정신을 초월하여 진리를 받아들일 수 있던 반면에 이집트인들은 직접 체험했음에도 시대정신을 버리지 못하여 믿지 못합니다.

오늘날은 어떻습니까? 다신론 사회가 아니니까 이 말씀들

이 상관이 없나요? 물론, 오늘날은 상황이 바뀐 것 같습니다. 이제 다신론 사회가 아니라 무신론 사회로 말이죠. 하지만, 원리는 동일합니다. 라합과 달리, 하나님이 하신 일을 듣고도 마음이 바뀌지 않는 이유는 무신론으로 인해 하나님이 살아계신다는 생각이 없어서입니다. 앞서 나온 내용과 병렬로 정리를 하면 다음과 같은 유사함이 있습니다.

고대이집트: 다신론 → 신은 하나가 아니다. 지역마다 신이 있다. → 하나님의 일하심을 보고도→ 무반응(파라오), "우리 곁을 떠나달라. 즉, 우리 곁에서 괴롭히지 마라." (왕의 신하들)

현대사회: 무신론 → 신은 없다. → 신이 없기에 하나님의 일하심을 보아도 → 무반응 혹은 "그건 당신 생각이지."라고 말함. 즉 "나와는 상관없다."라는 식의 반응 (현대인들)

믿음이 있다는 우리는 무신론에서 자유한가요? 오늘 설교는 강하게 말합니다. 단지 교회에 속해 있다고 해서 구원받는 것은 아니라고 말입니다. 실천론적 무신론이라는 말이 있습니다. 내가 말로는 믿는다고 하면서 소위 시대정신인 무신론의 영향을 받아 행동에서는 무신론으로 행동하는 경우를 말합니다. 시대정신을 바꿀 정도로 말씀의 영향을 받은 라합의 모습이 우리에게 과연 나타나고 있는지, 혹시 이 시대의 정신인 무신론이 우리에게 영향을 주고 있는 것은 아닌지, 설교와 더불어 잠시 묵상하는 시간을 가졌으면 좋겠습니다.

G 성도의 묵상

지(깨달은 것)

하나님은 재앙을 내리시기 전에, 심판하시기 전에 경고하시는 분이시다. 그 하나님의 말씀을 무시하는 것은 정말 미련한 짓이다. 바로는 경고의 말씀을 듣고도 무반응으로 일관했다. 끝까지 반응하지 않았기 때문에 심판받은 것이다.

하나님의 말씀을 계속해서 듣고 교리에 대해서 계속해서 알아가면서도 우리가 그 말씀에 지독하게도 끝까지 반응하지 않는다면 우리는 구원받은 사람이 아니다. 이 교훈을 두렵고 떨림으로 들어야 한다. 말씀에 반응하여 어린양의 피에 자신의 목숨을 맡긴 사람은 다 구원을 받았다. 최후 심판 앞에, 우리에게 마지막 기회가 주어져 있다. 자기 자신을 위해 사는 구원받지 않은 자가 되지 말고, 모든 삶을 예수님께 던져야 한다.

정(느낀 것)

두 번째 교훈에서, 바로도 하나님의 말씀을 여러 번 들었지만 끝까지 반응하지 않았기 때문에 심판을 받았다는 것이 매우 무서웠다. 전에는 애굽의 열 번째 재앙을 생각할 때마다 왜 바로는 이 경고를 듣고도 행동하지 않을까 하며 이해를 못 했다. 그런데 바로는 하나님의 말씀을 계속 '듣고' 있었다. 이 본문을 읽으며 나도 설교를 매주 듣기만 하고 실천하지 않고 있다는 생각이 들었다. 그래서 마음이 매우 불편하고 불안했다. 장차 올 심판이 두려워졌다. 나는 이 세상의 것, 헛된 것에만 매달리면서 거기서 행복을 좇으며 살고 싶지 않은데, 실제로는 세상에서 행복을 구하는 모습이 내게 많은 것만 같았다.

지옥은 영원히 고통당하는 곳인데, 그 이유가 지옥에 떨어진 죄인들은 영원히 회개하지 않기 때문이라는 말이 너무 무섭고 슬펐다. 하나님을 영원히 원망하고, 영원히 억울해하면서 살고 싶지 않다. 다른 것을 다 잃어도 예수님을 위해, 영원히 삼위 하나님을 찬양하는 행복한 삶을 살고 싶다고 느꼈다.

의(실천할 것)

여행하고 있는 지금, 세상의 즐거움을 많이 느낀다. 하지만 이것이 진정한 행복이 될 수 없음을 늘 생각해야겠다. 또한 하나님께서 나에게 심판에 관한 경고의 메시지를 계속 주고 계심을 잊지 않고, 삶 속에서 예수님께 내 일상을 드리며 살고 싶다. 어느 자리에서든, 무슨 일을 하든 하나님께 먼저 나아가 하나님 안에서 참된 행복을 누리게 해달라고 매일 기도로 나아가야겠다.

5장
누가 지옥에 있는가[31]

– 회개하지 않는 사람들의 비참한 결말인
지옥에 대하여

정중현

[누가복음 16장 19–31절]

한 부자가 있어 자색 옷과 고운 베옷을 입고 날마다 호화롭게 즐기더라. 그런데 나사로라 이름하는 한 거지가 헌데 투성이로 그의 대문 앞에 버려진 채 그부자의 상에서 떨어지는 것으로 배불리려 하매 심지어 개들이 와서 그 헌데를 핥더라. 이에 그 거지가 죽어 천사들에게 받들려 아브라함의 품에 들어가고 부자도 죽어 장사되매, 그가 음부에서 고통 중에 눈을 들어 멀리 아브라함과 그의 품에 있는 나사로를 보고 불러 이르되, 아버지 아브라함이여, 나를 긍휼히 여기사 나사로를 보내어 그 손가락 끝에 물을 찍어 내 혀를 서늘하게 하소서. 내가 이 불꽃 가운데서 괴로워하나이다. 아브라함이 이르되, 얘 너는 살았을 때에 좋은 것을 받았고 나사로는 고난을 받았으니 이것을 기억하라. 이제 그는 여기서 위로를 받고 너는 괴로움을 받느니라. 그뿐 아니라 너희와 우리 사이에 큰 구렁텅이가 놓여 있어 여기서 너희에게 건너가고자 하되 갈 수없고, 거기서 우리에게 건너올 수도 없게 하였느니라. 이르되, 그러면 아버지여 구하노니, 나사로를 내 아버지의 집에 보내소서. 내 형제 다섯이 있으니 그들에게 증언하게 하여 그들로 이 고통받는 곳에 오지 않게 하소서. 아브라함이 이르되, 그들에게 모세와 선지자들이 있으니 그들에게 들을지니라. 이르되, 그렇지 아니하니이다. 아버지 아브라함이여, 만일 죽은 자에게서 그들에게 가는 자가 있으면 회개하리이다. 이르되, 모세와 선지자들에게 듣지 아니하면 비록 죽은 자 가운데서 살아나는 자가 있을지라도 권함을 받지 아니하리라 하였다 하시니라.

서론

오늘 설교 제목은 '누가 지옥에 있는가?'입니다. 사실 '누가 낙원에 있는가?'라는 제목으로 바꾸어도 설교 내용에 큰 차이가 없을 것입니다. 오늘 본문에는 낙원에 있는 나사로와 지옥에 있는 부자가 등장합니다. 낙원과 지옥, 둘 다 말할 수밖에 없는 설교입니다. 그러나 오늘 설교 제목을 '누가 지옥에 있는가?'로 정한 이유는 '지옥'에 더욱 주목하기 위함입니다. 요즘 우리는 지옥이라는 말을 전혀 두려워하지 않는 것 같습니다. 응당 두려워해야 할 사람들이 전혀 두려움이 없는 것 같아요. 믿음이 좋아서 지옥에 대한 두려움이 없다면 참 감사한 일이겠지요. 그러나 우리 모두가 참된 믿음과 천국 소망 때문에 지옥을 두려워하지 않는 건 아닌 것 같습니다. 누군가는 지옥에 대해 말하는 오늘 설교를 듣고도 잠만 잘 잘 것이고, '지옥이 나와 무슨 상관인가?' 하며 하품할 수도 있을 겁니다. 앞에서 목사가 눈물을 쏟으며 설교해도, '뭐가 저렇게 슬플까? 왜 저렇게 오버하나?' 하며 평안히 지옥으로 향하고 있는 자녀가 이 자리에 있을 수 있습니다.

만일 그렇다면, 무엇보다 목사의 책임이 큽니다. 지옥을 모르니까 그러는 것 아니겠어요? 지옥에 대해 가르치지 않고 설교하지 않기 때문에 지옥을 모르고, 그래서 마음 편히 지옥으로 향하고 있는 분들이 있을 수 있겠습니다. 오늘 저는 목사로서 회개하는 마음으로 지옥에 대해 설교하고자 합니다. 물론 저는 여기 계신 모든 분이 천국으로 향하는 길을 찾길 바랍니다. 그러기 위해서, 길을 잃고 지옥으로 가고 있는 사람들이 무슨 일을 당할지를 매섭게 말씀드리려고 합니다.

간절히 바라는 것은, 여러분이 여러분의 생명을 소중히 여기는 마음으로 오늘 말씀을 듣고 깊이 생각해 보시는 것입니다. 이것이 하나님의 말씀인지, 아니면 한낱 사람의 주장에 불과한지 진지하게 생각해 보시라는 말입니다. 그래서 오늘 말씀이 만약 제 개인적인 주장에 불과하다고 생각되시면, 한 귀로 듣고 한 귀로 흘려 버리시면 됩니다. 그러나! 오늘 설교가 하나님의 말씀으로 확인된다면, 결코 이 말씀을 무시하지 마십시오! 목사의 입술을 통해 전달하시는 하나님의 말씀을 무시한다면, 여러분은 정말 큰 위험에 빠지게 될 것입니다.

오늘 설교에서 저는 세 가지 질문에 대한 성경의 답을 여러분과 함께 살펴보려고 합니다. 질문은 첫째, '지옥은 어떤 곳인가?' 둘째, '누가 지옥에 있는가?' 마지막 셋째, '예수님께서 이 말씀을 하신 이유는 무엇인가?'입니다.

1. 첫째, 지옥은 어떤 곳인가?

이에 대해 예수님은 무엇을 말씀하십니까?

먼저, 지옥은 죽는 즉시 옮겨 가는 곳입니다. 오늘 비유에 나오는 부자는 죽자마자 지옥으로 갑니다. 장사를 지내자마자 지옥에 갑니다. 23절에 '음부'라고 나오지요. 음부란, 땅의 가장 깊숙한 감옥, 즉 지옥을 말합니다. 악인들의 영혼이 부활할 때까지 갇혀 있는 지하 감옥을 말하지요(벧전 3:19; 계 20:7). 악인들은 죽으면 그 영혼이 바로 지옥으로 갑니다. 그런데 요즘 이런 성경의 내용과 충돌하는 귀신, 미신

관련된 콘텐츠들이 많습니다. 무당, 접신, 빙의가 나오는 건 예삿일이고요, 죽은 사람의 영혼이 이 땅을 돌아다니며 일으키는 현상들을 그리는 콘텐츠가 쏟아져 나옵니다. 그런 내용이 너무 흔해서 진짜 같을 정도입니다. 자녀 여러분, 정신 똑바로 차려야 합니다. 그대로 믿으시면 안 됩니다. 사실이 아닙니다. 악인의 영혼은 죽는 즉시 지옥에 던져지고, 거기서 부활과 심판이 있을 마지막 날을 고통 가운데 기다리게 됩니다.

악인도 마지막 심판 때 부활합니다. 요한복음 5장 28절과 29절을 읽어볼까요? "이를 놀랍게 여기지 말라. 무덤 속에 있는 자가 다 그의 음성을 들을 때가 오나니, 선한 일을 행한 자는 생명의 부활로, 악한 일을 행한 자는 심판의 부활로 나오리라." 마지막 날이 되면 의인들도 부활하지만, 악인들도 심판받기 위해 몸을 입고 부활합니다. 지금 지옥에 있는 악인들은 영혼이 받을 수 있는 고통만 받고 있을 뿐입니다. 악인들이 몸을 입고 부활해서 마지막 심판을 받고 나면, 그때부터는 몸과 영혼 모두에 영원한 벌을 받기 시작할 것입니다. 지금, 최후 심판 전까지는 영혼만 고통을 받습니다. 그러나 그 영혼은 죽자마자 곧바로 벌을 받기 시작합니다.

마찬가지로, 낙원도 죽는 즉시 옮겨 가는 곳입니다. 의인들의 영혼은 죽는 즉시 하나님이 계시는 낙원으로 갑니다. 예수님 곁에 달린 강도가 예수님께 자신을 기억해 달라고 간구했을 때 예수님께서 무엇이라고 답하셨습니까? "내가 진실로 네게 이르노니, 오늘 네가 나와 함께 낙원에 있으리라."(눅 23:43) 하셨습니다. 예수님 말씀처럼 의인들은 죽는 즉시 낙원으로 갑니다. 오늘 나사로처럼 의인은 죽으면 그 즉시 하나님이 계신 낙원으로 영접을 받고, 영광 중에 하나님의 얼굴을 보게 됩니다. '영광 중에 하나님을 본다'는 것은 하나님과 친밀하고 평화로운 관계로 들어가게 된다는 말입니다(참조, 고후 5:8; 빌 1:23). 예수님은 오늘 말씀에서 이를 "아브라함의 품에 들어"갔다고 표현하십니다.

성경에서 누가 누구의 품에 있다, 들어갔다, 안겼다는 말은 두 사람이 아주 친밀한 관계라는 뜻입니다. 가령, 세례 요한은 예수님을 하나님의 품속에 있는 아들이라고 소개했습니다. "본래 하나님을 본 사람이 없으되 아버지 품속에 있는 독생하신 하나님이 나타내셨느니라"(요 1:18). 마찬가지로, 나사로가 아브라함의 품에 들어갔다는 말은 아브라함과 나사로가 부모 자녀처럼 친밀한 관계를 누린다는 뜻입니다.

즉 거지 나사로가 아브라함의 믿음을 가진 하나님의 자녀라
는 의미입니다. 이처럼 하나님 자녀들의 영혼은 죽자마자
낙원으로 가서 하나님 품에 안깁니다. 거기서 그리스도의
몸처럼 영광스럽게 부활하게 될 마지막 날을 기다리게 됩니
다. 성경은 육신이 죽은 후 영혼이 갈 곳으로 하나님의 품과
지옥 외에는 아무 곳도 인정하지 않습니다(웨스트민스터 신앙
고백 32장 1항).

둘째, 지옥은 어떤 곳인가? 지옥은 영원히 돌이킬 수 없
는 고통이 시작되는 곳입니다.

23절을 보면, 부자가 "음부에서 고통 중에" 있다고 합니
다. 이 말씀을 원어의 의미를 살려서 읽으면, 그가 '정말로'
고통 중에 놓여 있었다는 뜻입니다. 이 고통은 말씀드린 것
처럼 몸의 죽음과 부활 사이에 영혼이 받는 고통을 말합니
다. 24절에서는 이 고통을 불꽃 가운데 있는 것처럼 뜨겁고
괴로운 고통이라고 표현하고 있습니다. 최근 여름 날씨가
얼마나 더웠습니까? 정말 더워서 죽겠다는 말이 저절로 나
오지 않던가요? 지옥은 그보다 훨씬 더 뜨거워서, 물 한 방
울만 먹을 수 있다면 혀가 서늘하겠다 싶을 정도로 괴로운

고통과 갈증이 있다고 말씀하십니다. 물론 여기서 예수님이 손이나 혀나 갈증이나 불꽃으로 고통을 표현하신 것은, 우리가 영혼의 고통을 상상할 수 없기 때문에, 육체를 입고 경험하는 것에 빗대어서 하신 말씀일 것입니다. 그러나 지옥에 버려진 자들이 당할 무한한 고통은 결코 비유적이지 않을 것입니다. 어떤 말로도 표현할 수 없을 정도로 큰 고통이 있을 것입니다.

이 고통은 하나님의 진노의 대상이 되는 고통을 말합니다. 요한계시록을 보면, 하나님의 진노의 잔을 마신 큰 성 바벨론이 불과 유황으로 고난을 받는다고 기록되어 있습니다. "그도 하나님의 진노의 포도주를 마시리니 그 진노의 잔에 섞인 것이 없이 부은 포도주라. 거룩한 천사들 앞과 어린 양 앞에서 불과 유황으로 고난을 받으리니, 그 고난의 연기가 세세토록 올라가리로다. 짐승과 그의 우상에게 경배하고 그의 이름 표를 받는 자는 누구든지 밤낮 쉼을 얻지 못하리라 하더라"(계 14:10-11). 밤낮 쉼을 얻지 못하고 불과 유황의 고난을 받는 곳이 지옥입니다. 그곳은 편안함도 없고, 평화도 없고, 잠도 없고, 고요함도 없고, 쉼도 없습니다. 끔찍한 곳입니다. 오직 고통의 폭풍과 무섭고 비참한 괴성만 가득한 곳이 바로 지옥입니다.

이것만 해도 끔찍한데 더 큰 문제가 있습니다. 이 고통이 돌이킬 수 없는 영원한 고통이라는 것입니다. 돌이킬 수 없습니다. 한이 없습니다. 계속되고 계속되고 계속되어도 끝나지 않는 고통입니다. 여름이 아무리 덥고 힘들어도 가을이 오면 여름은 끝납니다. 그러나 지옥에는 이런 끝이 없다는 겁니다. 많은 신학자가 비록 연기와 불과 유황은 영원하더라도 악한 자들의 고통은 끝이 있다고 말하고 싶어 합니다. 영혼조차 타서 없어지고, 그들의 벌도 끝나는 날이 있을 거라고 주장합니다. 그러나 우리가 방금 읽은 요한계시록 말씀은 "고난의 연기가 세세토록 올라"간다고 선포합니다.

여러분, 지옥의 고통은 끝이 없습니다. 그러면 지옥에 있는 자들이 고통에서 벗어날 방법은 무엇이겠습니까? 생각해 볼 수 있는 가능성은 딱 하나밖에 없습니다. 지옥과 낙원뿐이니, 낙원으로 옮겨 가는 수밖에 없습니다. 그 길 외에는 아무것도 없습니다. 그러나 오늘 26절은 무엇이라고 말씀합니까? "너희와 우리 사이에 큰 구렁텅이가 놓여 있어 여기서 너희에게 건너가고자 하되 갈 수 없고, 거기서 우리에게 건너올 수도 없게 하였느니라." 구렁텅이는 깊은 골짜기, 깊은 틈을 말합니다. 크레바스라고 아시죠? 빙하가 쫙 갈라지면, 끝이 없을 것 같은 깊은 틈이 생깁니다. 그 크레바스처럼 깊으면서 건널 수 없이 넓은 틈이 낙원과 지옥 사이에 고정되어 있습니다. 즉 지옥에 있는 자는 결코 낙원으로 갈 방법이 없습니다. 돌이킬 수 없는 영원한 고통에 갇히게 되는 것입니다.

낙원에 있는 시원한 생수는 단 한 방울도 지옥으로 가지 못합니다. 영원한 위로와, 무한한 기쁨과, 수고를 그치고 쉬는 안식의 단 한 방울도, 지옥으로 옮겨 가지 못합니다(계 14:13). 낙원에 있는 복 한 방울도 지옥으로 넘어갈 수 없습니다.

한 마디로 지옥은 어떤 곳입니까? 죽는 즉시 옮겨져서, 돌이킬 수 없는 영원한 고통을 받는 곳입니다. 그러므로 사랑하는 성도 여러분, 우리 자녀 여러분, 잘 들으십시오. 여러분의 부모님이, 여러분의 목사와 장로와 집사가, 여러분을 괴롭게 하려고 설교하고 심방하고 기도하고 구제하고 권면하고 호소하는 것이 아닙니다. 영원히 돌이킬 수 없는 괴로움에 빠지지 말라고 호소하는 겁니다. 사랑하는 사람이 영원한 고통으로 들어가는 게 눈에 보이는데, 호소하지 않을 수 있을까요? 눈물로 호소할 수밖에 없지 않을까요?

여러분이 죽고 나면, 아무도 귀찮게 안 할 겁니다. 여러분이 죽고 나면 아무도 호소하지 않을 거예요. 끝났으니까요. 돌이킬 수 없는 곳으로 가버렸으니까 더 이상의 호소는 없습니다. 죽은 이후에는 아무도 설교하지 않을 것이고, 아무도 심방하지 않을 겁니다. 아무도 교회 가자고 하지 않을 겁니다. 아무도 예수님 믿으라고 말하지 않을 거예요. 죽고 나면 기도도 아무 소용이 없습니다. 죽었다면 이미 결정이 났기 때문입니다. 아무리 기도해도 결정된 일을 더 이상 돌이킬 수 없기 때문입니다. 지옥에 있는 자를 위해 할 수 있는 기도가 없습니다. 기도해도 소용없습니다. 끝입니다. 지옥과 천국 사이에 난 구렁텅이를 넘어갈 방법이 절대 없습니다!

그러니 지금 이 자리에서 예수님을 믿으라는 호소와 기도를 듣고 계신 분들은, 꼭, 속히 돌아오십시오. 살아있을 때 돌아오셔야 합니다. 그 사랑의 호소를 듣지 못하는 때가 옵니다. 그 끝도 안 보이는 골짜기 앞에 서는 날이 옵니다. 그날이 이르기 전에, 속히 돌아오시고 회개하시기를 간절히 바랍니다.

2. 그렇다면 둘째로, 이런 지옥에는 누가 있습니까?

두 번째 질문에 대해, 예수님은 지옥에 있는 부자를 통해 어떤 사람이 지옥에 있는지 알려 주십니다. 누가 지옥에 있습니까? 악행을 저지른 사람이 지옥에 있습니다. 악행은 무엇입니까? 하나님의 말씀에 순종하지 않는 것이 악행입니다. 하나님의 말씀을 어긴 죄인들이 지옥에 있습니다.

이 부자는 말씀을 알고도 어겼던 악행의 사람이었습니다. 19절을 보십시오. 부자는 자색 옷과 고운 베옷을 입고 매일 호화로운 파티를 열었다고 합니다. 자색 옷과 고운 베옷은 당시 왕들이나 입을 수 있었던 값비싼 명품 옷(막 15:17), 명품 속옷을 말합니다. 부자는 그러한 옷을 입고 날마다 호화롭게 즐겼습니다. 매일 별 다섯 개짜리 맛있는 음식만 먹으면서, 당대 최고 연주자들의 음악을 즐겼습니다. 부자는 자신이 가진 돈으로 좋은 옷, 좋은 음식, 좋은 음악으로 매일 파티하며 자기 자신을 즐겁게 했던 사람입니다.

여러분 오해하지 마십시오. 이 사람이 부자인 것 자체가 죄는 아닙니다. 이 사람이 부자라서 지옥에 간 것이 아니에요. 문제는 이 부자가 자기 집 대문에 누운 나사로의 존재를 알고도 죽도록 내버려두었다는 것입니다. 부자는 지옥에서 "나사로를 보고"(23절) "나사로를 보내"(24절)라고 명령합니다. 네, 그는 나사로를 알고 있었습니다. 나사로의 얼굴과 이름도 알고 있었습니다. (아마도 장애인으로 보이는) 나사로가, 성전 미문에 앉아 구걸하던 이처럼(행 3장) 그렇게 자기 대문 앞에 앉아 구걸할 수밖에 없는 거지라는 것을 부자는 알고 있었습니다. 나사로가 자기 명령을 들어야 할 낮은 신분이라는 사실도 깨알같이 잊지 않고 있지요. 돌이켜보면 이렇게 나사로를 잘 알고 있었음에도, 부자는 개들에게 주는 음식 쓰레기도 나사로에게 주지 않았던 것입니다. 나사로를 죽도록 내버려둔 것이지요.

부자가 하나님의 법을 몰라서 그랬을까요? 그렇지 않습니다. 부자는 가난한 사람들을 사랑하라고 가르치는 모세의 율법과 선지자의 글을 알고 있었습니다. 29절에 나오는 '모세와 선지자들'이 바로 구약 성경을 가리킵니다. 부자는 '모세와 선지자들'이 구약 성경을 가리키는 줄 알고 아브라함과 대화하고 있는 것입니다. 모세의 율법은 가난한 사람들을 도우라고 명령합니다. 추수할 때 마지막 이삭까지 다 거두지 말라고, 떨어진 이삭도 줍지 말라고, 그것들을 가난한 사람들을 위해 남겨 두라는 명령이 자주 등장합니다(레 19:9-

10; 23:22, 신 24:19-22). 선지자들의 글도 마찬가지입니다. 율법대로 가난한 사람들을 압제하지 말라고(슥 7:10), 하나님은 가난한 사람들의 피난처시요(사 25:4), 보호자시라고(습 3:12) 선포합니다. 가난한 사람을 괴롭히는 자는 벌하시겠다는 경고와, 가난한 사람들을 긍휼히 여기는 사람에게는 복 주시겠다는 약속이 선포됩니다(암 2:6-7; 단 4:27; 사 29:19).

부자는 하나님의 이 말씀들을 알고도 어긴 것입니다. 그런데 거기서 더 나아가 부자는 그 악행을 끝까지 회개하지 않습니다. 부자는 회개해야 지옥을 면한다는 사실을 몰랐습니까? 알았습니다. 30절을 보십시오. 부자는 나사로를 다시 살려서 자기 형제들에게 보내어 형제들이 '회개하게' 해달라고 부탁합니다. 왜 그랬습니까? 악행을 회개하면 지옥을 면할 수 있다는 것을 알고 있었기 때문입니다! 회개의 열매를 맺어야 아브라함의 품에 안긴다는 걸 알고 있습니다. 그런데도 부자는 끝까지 회개하지 않았습니다.

부자는 오히려 지옥에서도 교만합니다. 그는 지옥에 와 있는데도 자신을 '아브라함의 자녀'라고 생각합니다. 언약 백성이라고, 하나님께 속한 자라고 생각합니다. 24절을 보십시오. 부자는 아브라함을 누구라고 부릅니까? "아버지"라고 부릅니다. 아마도 이 부자는 유대인이며, 율법대로 할례도 받았고, 아브라함처럼 물질의 복도 받았으니 스스로 아브라함의 자녀라고 믿었을 것입니다. "아버지"라는 부름에서 부자가 스스로 의롭다고 생각하고 자신을 스스로 높이는 사람이라는 것이 드러나고 있습니다. 그러나 하나님의 생각은 달랐고, 악행을 회개하지 않은 그는 지금 지옥에 있습니다.

31절에서 예수님은 사람이 악행을 회개하지 않는 이유가 성경 말씀을 듣고 믿지 않기 때문이라고 말씀하십니다. "이르되, 모세와 선지자들에게 듣지 아니하면 비록 죽은 자 가운데서 살아나는 자가 있을지라도 권함을 받지 아니하리라 하였다 하시니라." 모세와 선지자들의 말씀을 듣지 않는 자는 죽었다가 부활한 사람이 권한다 해도 그 권면을 믿고 따르지 않을 겁니다. 믿음은 말씀을 들음에서 납니다(롬 10:17). 성경 말씀을 듣고 믿어야 악행을 회개하게 됩니다.

정리하면, 누가 지옥에 있습니까? 하나님 말씀을 어기고 악행을 저지른 사람이 지옥에 있습니다. 하나님의 말씀을 듣고도 믿지 않고 악행을 끝까지 회개하지 않는 자는 지옥에서도 회개하지 않습니다. 지옥은 영원히 죄를 회개하지 않는 자들이 영원한 벌을 받는 곳입니다.

이 부자는 구체적으로 누구를 가리킵니까? 예수님이 이 비유를 누구에게 하고 있는지를 보면 알 수 있는데, 16장 14절을 같이 읽어 봅시다. "바리새인들은 돈을 좋아하는 자들이라. 이 모든 것을 듣고 비웃거늘." 네, 돈을 좋아하는 바리새인들에게 이 비유를 말씀하고 계십니다. 아니, 돈을 좋아하는 정도가 아니었습니다. 바리새인들은 돈을 '섬겼습니다'.

바로 위 16장 13절을 읽어 봅시다. "집 하인이 두 주인을 섬길 수 없나니, 혹 이를 미워하고 저를 사랑하거나 혹 이를 중히 여기고 저를 경히 여길 것임이니라. 너희가 하나님과 재물을 겸하여 섬길 수 없느니라." 바리새인들은 하나님을 섬긴다고 하면서 사실은 재물을 섬기는 자들이었습니다. 그러면서도 그들은 스스로 의롭다고 생각했습니다. 15절도 읽어 봅시다. "예수께서 이르시되, 너희는 사람 앞에서 스스로 옳다 하는 자들이나 …" 그러니까 이 비유는, 사람들 앞에서 스스로 의롭다 하고, 아브라함의 자손으로 사람들 중에 높임 받기를 바라면서, 이웃 사랑은 저버린 바리새인들을 향한 비유였습니다.

결론적으로 누가 지옥에 있습니까? 바리새인과 같은 행악자들이 지옥에 있습니다. 돈을 좋아하고, 마치 그 돈이 오롯이 자신의 것인 양 좋은 옷, 좋은 신발, 좋은 음식, 좋은 음악, 좋은 집, 좋은 차, 좋은 서비스로 자신을 즐겁게 하는 데만 쓰는 사람, 하나님도 섬기지만 돈도 함께 섬기면서 사실은 하나님을 섬기지 않는 사람, 하나님이 기뻐하시는 이웃 사랑을 실천하는 데는 1원 한 푼도 쓰기 아까워하는 사람, 사람들 앞에서 자기 의를 자랑하고, 자기가 이룬 성공과 성취에 기대어 박수 받기 좋아하는 사람, 이런 마음으로 가득하면서도 겉으로는 교회에서 친절하고 훌륭하게 행동하며, 존경받는 신앙인으로 칭송받은 사람. 이런 사람들이 지옥에 있습니다.

여러분, 누가 지옥에 있겠습니까? 저 같은 사람들이 아닙니까? 지금 쭉 들려드린 내용이 바리새인들에게만 해당하는 내용일까요? 제 이야기는 아닙니까? 제가 지옥으로 향하고 있지 않겠습니까? 저의 이야기던데요? 돈 좋아하고 옷 좋아하고, 좋은 음식 좋아하고, 좋아하는 것들로 온통 저를 둘러싸고 즐기고 싶어 하는. 온통 제 이야기 아닌가요?

이 일을 어찌해야 합니까? 사랑하는 성도 여러분, 자녀 여러분, 두려운 마음을 가지고 예수님이 이 비유를 말씀하신 이유에 대해 끝으로 생각해 봅시다.

3. 셋째, 예수님은 바리새인들에게 왜 이런 비유를 주셨을까요?

왜 이 비유의 결론이 모세와 선지자들에게서 들어야 한다고, 성경 말씀을 듣고 믿어야 한다고 마치고 있습니까? 여러분, 모세와 선지자의 글은 궁극적으로 예수 그리스도를 증언하는 말씀입니다(눅 24:44). 예수님은 엠마오로 가던 제자들에게 "모세와 모든 선지자의 글로 시작하여 모든 성경에 쓴바 자기에 관한 것을 자세히 설명"해 주셨습니다(눅 24:27). 그러니까 모세와 선지자들에게서 들어야 하는 말씀은 곧 예수 그리스도를 말합니다. 성경이 증언하는 그리스도를 믿고 회개해야 한다고 말씀하고 계신 겁니다. 예수님은 복음을 대적하는 이 바리새인들에게도 회개의 기회를 주고 계십니다. 그리고 이 바리새인들과 같이 악을 행하고 있는 모든 사람에게도 회개의 기회를 주고 계십니다. 바로 지옥에 던져져도 아무 할 말이 없을 이 죄인들을 향해서도 회개의 기회를 주고 계십니다. 여러분과 제게, 우리 모두에게,

바리새인들에게조차도 지옥으로 향하는 길에서 돌이켜 하나님 품에 안길 수 있는 길을 제시하고 계신 예수님이 보이지 않습니까?

그 예수님이 오늘도 똑같이 말씀하십니다. 오늘도 예수님은 이 성경 말씀을 통해서 저와 여러분에게 회개의 기회를 주고 계십니다. 악행을 저지른 우리가, 하나님의 말씀을 거역하는 우리가, 마음으로는 온갖 악을 저지르면서 겉모습만 번지르르한 우리가 살 수 있는 유일한 길은, 성경이 증언하는 유일한 은혜 언약의 중보자 예수 그리스도를 믿는 길밖에는 없습니다. 모든 성경이 증언하는 예수 그리스도의 인격과 그분이 이루신 구속 사역, 그리스도의 의로움과 그분의 고통스러운 죽음과 부활을 믿는 것만이, 진노의 불꽃이 튀는 지옥문 앞에서 하나님의 품으로 옮겨 갈 수 있는 유일한 길입니다.

우리가 구원받게 하시려고 예수님이 어떻게까지 하셨습니까? "엘리, 엘리, 라마 사박다니?" 곧, "나의 하나님, 나의 하나님, 어찌하여 나를 버리셨나이까?" 하고 하나님께 부르짖으시면서, 하나님은 침묵하시는 그 지옥, 그 무한한 구렁텅이, 그 무한한 틈을 경험하셨습니다(막 15:34). 예수님은 거기서 또 무엇이라고 하셨습니까? "내가 목마르다"(요 19:28). 육신의 목마름을 뜻하는 것일까요? 지옥에서 죄인이 가질 수밖에 없는 그 영적 갈증을 예수님이 경험하셨다는 말이겠지요. 왜입니까? 왜 그렇게까지 하셨습니까? 그리스도 안에 있는 사람들이 그러한 경험을 하지 않게, 지옥을 경험하지 않게 하기 위해서가 아닙니까?

그러니, 그리스도를 거부하면 소망이 없습니다. 이 유일한 길을 거부하면 그 인생에 어떤 소망도 없습니다. 그리스도를 거부하면, 그분과 함께 할 집에 영원히 거하지 못할 것입니다. 그리스도의 안식을 싫어하면, 안식은 영원히 없을 것입니다. 그리스도의 음성을 듣지 않으면, 하나님의 음성을 영원히 듣지 못하게 될 것입니다. 이미 지옥입니다. 그 흘리신 피를 거부하는 사람은 지옥 형벌을 지금부터 받기 시작할 텐데, 죽음 이후에도 받게 될 것이며, 마지막 심판 때부터는 몸과 영혼으로 받되 영원히 받게 될 것입니다!

그러나 사랑하는 성도 여러분! 긍휼이 많으신 우리 주님께서 오늘 회개의 복음을 선포하고 계십니다. 성경은 그리스도께서 지옥으로 향하고 있는 이 죄인을 위해 죽으셨고, 우리가 받을 지옥 고통을 그리스도께서 대신 당하셨다고 증언합니다. 이 사실을 성경에서 들으셨으니 진정으로 믿으십시오. 그러면 지옥의 길에서 돌이킬 수 있는 그리스도의 성령의 능력으로 회개하는 삶을 살 수 있을 것입니다. 그제야 우리는 우리 집 대문에 누운 나사로를 발견하게 될 것입니다. 그제야 사랑하라고 하나님이 우리 곁에 두신 사람들을 보게 될 것입니다. 그들을 사랑하기 위해, 우리에게 맡겨주신 소유를 발견하게 될 것입니다. 그제야 우리의 즐거움을 위해 모아왔던 것들을 팔게 될 것입니다. 소유를 팔아 가난한 사람들을 섬기게 될 것입니다. 회개에 합당한 열매를 맺게 될 것입니다. 그리스도를 믿고 그분의 성령으로 살아가는 삶에 이러한 은혜가 있을 것입니다. 하나님을 사랑하기에 이웃 사랑하기를 즐거워하기 시작할 것입니다. 힘을 다해 형제자매와 이웃을 사랑하되, 나의 자랑은 오직 주 예수뿐이라고 찬송할 것입니다. 그제야 겨우 지옥을 면한 삶이 아니라 천국을 이 땅에서 누리는 삶을 살게 될 것입니다.

그러므로 사랑하는 성도 여러분, 우리 자녀 여러분, 지옥의 불꽃을 피해서 그리스도께로 도망치시기 바랍니다. 나만 즐겁고 나만 행복하고 나만 높이고 나만 중요한 그 지옥에서 벗어나서, 그리스도께로 도망치십시오. 그리스도께 도망가지 않는 한 우리 모두는 똑같이 지옥을 향하고 있는 인생일 뿐입니다. 다른 것은 의지하지 마십시오. 여러분이 얼마나 오래 신앙생활 했는지는, 여러분이 신앙의 몇 대 손인지는, 여러분이 얼마나 많은 물질적인 복을 받았는지는, 여러분의 직분이 무엇인지는, 여러분이 얼마나 많은 헌금을 했는지는, 여러분이 얼마나 많이 공부했는지는 전혀 의지할 것이 못 됩니다. 예수 그리스도 외에 다른 길은 없습니다. 그리스도를 믿지 않으면 결국 죄 가운데서 죽고 지옥으로 갈 것입니다. "주여! 주여!" 하다가 결국 지옥에 갈 것입니다(마 7:21). 우리가 구원받을 수 있는 다른 이름은 없습니다. 오직 성경이 증언하는 예수 그리스도만 믿으십시오. 그리스도께서 우리를 위하여 지옥의 고통까지 감당하셨음을 믿으십시오. 그리고 그리스도의 말씀을 따라 살아가는 일에 여러분의 삶 전부를 던지시기 바랍니다.

마지막으로 호소합니다. 오늘이 저나 여러분 생애의 마지막 날일지 모릅니다. 오늘이 정말 마지막 날일지도 모릅니다. 죽고 나면, 지금처럼 복음을 믿으라는 사랑의 호소는 그칠 것입니다. 그러니 지금! 성령님께서 여러분에게 믿음을 주시길, 오늘 예수님이 여러분 안에 거하시고 여러분이 예수님 안에 거하도록 소원하시기를 간절히 바랍니다. 삼위 하나님께서 여러분에게 은혜 주시기를 진정 간절히 원합니다. 그리하여 우리 모두 마지막 날에, 그리스도의 오른편에서 그리스도의 웃는 얼굴을 보고, 또 서로를 바라보며 '샬롬'으로 인사하게 되기를, 성부와 성자와 성령의 이름으로 간절히 축원합니다. 아멘.

설교 묵상

A 장로의 묵상

모세와 선지자들에게 듣지 않으면 죽은 자가 살아와 천국과 지옥, 하나님의 영원한 심판을 얘기해도 듣지 않을 것이라는 말씀이 지난주 바로를 통해서도 입증되었습니다.

열 번에 거쳐 하나님의 진노를 경고했는데, 실제 그렇게 진노를 당하면서도 죄인의 완고함은 고래 심줄 같기만 합니다.

바로가 특별히 악하고 유별나게 모진 사람이어서가 아닙니다. 하나님의 은혜를 덧입지 않은 모든 죄인의 본모습이 바로와 같습니다.

그러하기에 인간에게 하나님의 영원한 진노는 매우 합당합니다.

예수 그리스도를 만나기 전, 바로의 모습이 저였습니다.

열 가지의 심판을 당해도 회개하지 않은 바로는, 지옥의 고
통을 당하면서도 회개하지 않고 원망하는 지옥의 백성들과
닮음입니다.
모세와 선지자로 대변되는 하나님의 말씀을 직접 듣고도 돌
이키지 않으면 구원받을 길이 없다는 말씀이 거듭 확인되었
습니다.

오늘 말씀은 자신들을 자칭 아브라함의 후손이라 생각하는,
거짓된 믿음으로 순종 없이 헛된 신앙생활을 하는 부자들과
바리새인과 서기관들에게 여과 없이 돌직구를 날립니다.

들을 귀 있는 자는 들으라!!
듣는 자는 회개하고 돌이켜, 구원받아라!!

아울러 오늘 우리에게도 우리 삶을 돌아보며 돌이키라고 매
주 말씀을 통하여 강권합니다.
기록된 말씀과 선포되는 말씀의 권함 외에는 방법이 없다는

단호한 말씀!

그러니,
바로의 자리에 오래 머물지 않도록, 말씀하실 때 우리 심령
이 가난하여 민감하게 반응하게 하옵소서.
하나님의 은혜가... 저희의 생명입니다!!

E 장로의 묵상
"그들이 이 말을 듣고 마음에 찔려 베드로와 다른 사도들에
게 물어 이르되, 형제들아, 우리가 어찌할꼬 하거늘"

"마음에 찔려"... "형제들아, 우리가 어찌할꼬"

지금 베풀어 주신 이 자비의 날에, 참 소망으로 이끌어 주는
이 복된 경고의 메시지에
제 영혼이 합당하게 반응하기 원합니다.
긍휼히 여겨 주시기를 간절히 구하는 마음으로 주님께 엎드
리기 원합니다.
듣기는 들어도 깨닫지 못하고, 보기는 보아도 알지 못하는

강퍅하고 돌 같은 이 마음을
주께서 가난하게 바꿔주시기를 원합니다.

"오늘 지옥 설교는 최고의 설교였습니다. 저에게 경고하시
는 이 자비의 음성을 오늘이 지나가기 전에 붙들고 소유하
길 원합니다."
"이 깨달음과 벅찬 감정이 일시적으로 끝나지 않기를 간절
히 바랍니다."
"저의 돌이킴을 위해 끊임없이 말씀을 보내 주시는 하나님
을 찬양합니다."

자비를 바라는 이와 같은 외침들을 일으켜 주시는 하나님,
저에게도 동일한 은혜를 베풀어 주옵소서.
주의 자비 외에는 아무런 소망이 없습니다.
주여, 다만, 부디, 제발, 저희를 불쌍히 여겨 주옵소서.

"베드로가 이르되, 너희가 회개하여 각각 예수 그리스도
의 이름으로 세례를 받고 죄 사함을 받으라. 그리하면 성
령의 선물을 받으리니 이 약속은 너희와 너희 자녀와 모

든 먼 데 사람 곧 주 우리 하나님이 얼마든지 부르시는 자
들에게 하신 것이라 하고, 또 여러 말로 확증하며 권하여
이르되, 너희가 이 패역한 세대에서 구원을 받으라 하니,
그 말을 받은 사람들은 세례를 받으매 이날에 신도의 수
가 삼천이나 더하더라. 그들이 사도의 가르침을 받아 서
로 교제하고 떡을 떼며 오로지 기도하기를 힘쓰니라."

(행 2:38-42)

"그 말을 받"아, "사도의 가르침을 받아" 구원받기 원합니
다.
모세와 선지자들의 그 말, 사도들의 그 말, 성령 하나님께서
기록하신 성경 전체를 마음으로 받아 구원받기 원합니다!

설교서신

정중현

지옥에 대한 설교를 더욱 풍성히 우리 삶에 적용하기 위해, 아더 핑크 목사님의 책 'Eternal Punishment' 4장의 내용을 요약하여 전합니다.[32] 지옥에 대한 성경의 가르침이 우리에게 주는 유익이 큽니다. 살펴보며, 자신에게도 적용하시기 바랍니다.

1. 지옥에 대한 성경의 가르침은 하나님께서 얼마나 높으신지를 알게 합니다.

지옥 형벌은 무한하고 영원합니다. 이는 거꾸로 무한하고 영원하신 하나님의 탁월함을 보여 줍니다. 모든 죄인은 무한하고 영원하신 하나님을 멸시한 죄에 대하여, 무한히 비참한 지옥에서 영원한 형벌을 받는 것입니다. 하나님은 죄인에게 은혜의 손을 펼치시며 회개하라고 명령하셨습니다. 심지어 하나님은 그들을 위하여 가장 사랑하는 아들까지 주셨습니다. 그러나 사람은 끝까지 악한 길을 고집합니다. 사람은 무한히 높으신 하나님께 반역했기에, 지옥의 형벌을 무한히 받는 것이 맞습니다. 아무도 영원한 재판관에게 항소할 자격이 없습니다. 우리는 지옥을 통해 무한하고 영원히 높으신 하나님을 알고 경외해야 합니다.

2. 지옥에 대한 성경의 가르침은 사람이 얼마나 수준이 낮은지를 알게 합니다.

사람들은 지옥에서 벗어나는 것보다 작은 쾌락을 더 원합니다. 돈, 이 땅에서 잠시 누리는 명예나 명성을 영원한 지옥에서 벗어나는 것보다 더 선호합니다. 이것은 얼마나 어리석습니까? 젊은이는 쾌락 때문에, 중년은 출세 때문에, 노인은 자신의 성취나 부족함 때문에 육신의 정욕, 안목의 정욕, 삶의 자랑과 교만에 사로잡혀서 다가올 영원한 삶에 대한 모든 생각을 마음에서 쫓아버립니다. 이 어리석고 수준 낮은 모습이 죄인의 모습입니다.

3. 지옥에 대한 성경의 가르침은 자신을 부지런히 돌아보게 합니다.

여러분은 정말 죽음에서 생명으로 옮겨졌습니까? 지옥

에 대한 가르침 앞에서 신중하게 검토하십시오. 불확실성을 남겨 둘 여유가 없습니다. 너무 많은 것이 걸려 있습니다. 마귀는 영혼을 속이는 위대한 사기꾼임을 기억하십시오. 양의 탈을 썼을 뿐, 속은 늑대입니다. 우리도 우리 자신을 속일 수 있습니다. 오직 하나님의 말씀 앞에서 우리 자신을 검토해야 합니다. 그래야 회개할 수 있습니다. 그래야 그리스도만 붙들 수 있습니다. 여러분이 진정으로 그리스도인의 삶을 살고 있는지, 하나님을 경외하는 마음이 여러분에게 있는지, 경건하지 않은 것과 세상 정욕을 다 버리고 근신하고 의롭고 경건하게 살고 있는지를 지옥에 대한 성경의 가르침 앞에서 돌아보십시오.

4. 지옥에 대한 성경의 가르침은 큰 소리로 하나님을 찬양하게 합니다.

언급했듯, 우리 모두 하나님의 진노를 받아 마땅합니다. 우리는 다 빛보다 어둠을 사랑하지 않았나요? 하나님의 명령에 귀를 막고 살던 자들이 아닙니까? 그분의 사랑하는 아들을 멸시하고 거부하며 살지 않았나요? 바로 그때 얼마나 놀라운 은혜가 우리를 불타는 불길에서 구해 주셨습니까!

얼마나 놀라운 사랑입니까! 흑암의 권세에서 건져내사 그의 사랑의 아들의 나라로 옮기신 하나님을 얼마나 큰 소리로 찬송해야 하겠습니까(골 1:12-13)?

5. 지옥에 대한 성경의 가르침은 이웃에 대한 우리 의무를 기억하게 합니다.

구원받지 못한 사람들에 대한 나의 책임이 더 깊어져야 하지 않습니까? 다른 영혼에 대한 사랑이 없다면, 우리 자신의 영혼이 위험에 처해 있다는 뜻입니다. 내 영혼이 얼마나 큰 사랑을 입고 구원받았는지를 모르니까, 타인의 영혼에도 관심이 없는 것 아니겠습니까? 하나님께서 영혼을 죽음에서 생명으로 인도하는 데 사용하시는 복음을 전하고 있습니까? 복음 전하기 위해 공부하고 배우고 있습니까? 천하보다 귀한 목숨 살리기 위한 공부를 해야 합니다. 기도해야 합니다. 나의 구원을 위해 부르짖는 것만큼 자녀를 위해 열렬히 간구해야 합니다. 지옥에 대한 성경의 가르침 앞에서 이 의무를 다시 한번 기억하시기 바랍니다.

미주

1) 마틴 로이드 존스, 『설교와 설교자』, 정근두 옮김 (서울: 복 있는 사람 2005), 241.

2) 로이드 존스, 『설교와 설교자』, 248.

3) 로이드 존스, 『설교와 설교자』, 247-248.

4) "예수께서 대답하여 이르시되 진실로 진실로 네게 이르노니 사람이 거듭나지 아니하면 하나님의 나라를 볼 수 없느니라"(요 3:3).

5) 손재익, 『나에게 거듭났냐고 묻는다면?』 (서울: 좋은씨앗, 2021), 69.

6) 안토니 후크마, 『개혁주의 구원론』 이용중 옮김 (서울: 부흥과 개혁사, 2012), 162.

7) 후크마, 『개혁주의 구원론』, 162-165. 회심은 분명히 성령님의 사역이지만, 회심의 삶을 살아가는 주체는 우리입니다. 그런 면에서 회심은 우리의 일이라 말할 수 있습니다. 비슷한

예를 들어 보겠습니다. 우리의 생명은 전적으로 하나님으로부터 주어진 것입니다. 하나님께서 허락하시지 않으시면 우리의 생명도 없습니다. 그러나 동시에 우리는 하나님께 받은 생명으로 살아가는 주체입니다. 그런 점에서 생명은 하나님의 것이지만, 동시에 생명은 우리가 살아가야 하는 것이라고도 말할 수 있습니다. 또 다음을 참고하시기 바랍니다: 손재익, 『나에게 거듭났냐고 묻는다면?』, 69.

8) 조나단 에드워즈는 미국 1차 대각성운동의 주요 인물이었습니다. 이 시기에 수많은 이들이 회심을 경험했습니다. 그러나 그들 중에는 참된 회심이 아닌 가짜 회심을 경험한 사람들도 있었습니다. 그래서 에드워즈는 목회자로서 참된 신앙과 거짓 신앙의 차이점을 성경적으로, 목회적으로 정리하는 신학적 작업을 했습니다.

9) 새로운 감각에 대한 구체적인 논의는 다음을 참고하시기 바랍니다: 조나단 에드워즈, 『신앙감정론』, 정성욱 옮김 (서울: 부흥과개혁사, 2005), 365-413.

10) 에드워즈는 새로운 감각에 대한 근거로 고린도후서 4장 6절을 언급합니다. "어두운 데에 빛이 비치라 말씀하셨던 그 하나님께서 예수 그리스도의 얼굴에 있는 하나님의 영광을 아는 빛을 우리 마음에 비추셨느니라." 하나님께서 세상에 빛을 비추셨기에 우리는 세상의 아름다움을 바라볼 수 있게 되었습니다. 마찬가지로 하나님은 우리의 어두웠던 마음에 영적인 빛을 비추셔서 하나님의 아름다움을 바라보게 하셨습

니다. 그래서 에드워즈는 성령님은 우리에게 신적이고 영적인 빛을 비추시는 분이라고 설교하기도 했습니다. 다음 설교를 참고하시기 바랍니다: 조나단 에드워즈, 『신적이며 영적인 빛』, 백금산 옮김 (서울: 부흥과개혁사, 2004), 48-49.

11) 에드워즈는 죄가 없는 하나님의 속성을 도덕적 탁월성이라고 합니다. 거룩함이라고도 말할 수 있습니다. 거듭난 성도는 바로 하나님의 도덕적 탁월성, 거룩하심으로 인해 하나님을 사랑합니다.

12) 천사들도 하나님을 찬양할 때, 죄가 없는 거룩한 분이심을 노래합니다(사 6:3; 계 4:8).

13) 청교도 새뮤얼 러더퍼드는 하나님의 아름다움에 깊이 매료되어서 예수님이 계시지 않는 천국은 천국이 아닐 것이며, 예수님이 지옥에 계신다면 오히려 그곳에 함께 있고 싶다고 표현하기도 했습니다. 물론 논리적으로는 불가능한 일입니다. 그러나 하나님이 얼마나 아름답고 사랑스러우신지 아는 사람은 이 청교도처럼 자신의 구원보다도 하나님의 아름다움을 더 소중히 여기는 자가 됩니다. 여기서 순서가 중요합니다. 하나님께서 구원을 베푸시기 때문에 아름답다고 느끼는 것이 아닙니다. 그 아름다우신 하나님이 구원까지도 베푸시기에, 구원이 너무나 아름답게 느껴집니다. 본문에 있듯이 그 아름다우신 예수님께서 추한 죄인들을 위해 구원을 베푸셨기에, 그 구원이 말로 표현할 수 없이 아름답게 느껴집니다.

14) 후크마, 『개혁주의 구원론』, 182.

15) 죄로 인한 고통과 죄책감을 통해서 죄를 억제하시는 하나님
의 사역을 교의학적으로는 성령의 일반적 사역이라고 부릅
니다.

16) 웨스트민스터 총회, 『웨스트민스터 대교리문답 노트』(수원:
그 책의 사람들, 2017), 60. 웨스트민스터 대교리문답 24문. 죄
는 무엇입니까? 답. 죄는 이성적인 피조물에게 법칙으로 주
어진 하나님의 법을 조금이라도 온전히 못 지키거나 그 법을
어기는 것입니다.

17) 후크마, 『개혁주의 구원론』, 165.

18) 후크마, 『개혁주의 구원론』, 170. "언약의 자녀들의 회심은
보통 점진적인 유형의 회심이 될 것이다. 그러나 사람은 각
자 서로 다르기 때문에 사람들의 회심에도 많은 차이가 있을
수 있다."

19) 후크마는 두 번째 회심이라고 부르기도 합니다. 실제로 회
심이 두 번 일어난다는 말이 아니라, 그만큼 크게 회개하고
믿음을 회복할 수 있다는 의미입니다. 다음을 참고하시기
바랍니다: 후크마, 『개혁주의 구원론』, 166.

20) 자세한 내용은 다음을 참고하시기 바랍니다: 에드워즈, 『신
앙감정론』, 440-479.

21) "웃시야 왕이 죽던 해에 내가 본즉 주께서 높이 들린 보좌에
앉으셨는데, 그의 옷자락은 성전에 가득하였고 스랍들이 모

시고 섰는데, 각기 여섯 날개가 있어 그 둘로는 자기의 얼굴을 가리었고 그 둘로는 자기의 발을 가리었고 그 둘로는 날며 서로 불러 이르되, 거룩하다! 거룩하다! 거룩하다! 만군의 여호와여, 그의 영광이 온 땅에 충만하도다 하더라. 이같이 화답하는 자의 소리로 말미암아 문지방의 터가 요동하며 성전에 연기가 충만한지라. 그때에 내가 말하되, 화로다 나여, 망하게 되었도다! 나는 입술이 부정한 사람이요, 나는 입술이 부정한 백성 중에 거주하면서 만군의 여호와이신 왕을 뵈었음이로다 하였더라."(사 6:1 – 5)

22) 자세한 내용은 다음을 참고하시기 바랍니다: 에드워즈, 『신앙감정론』, 540–638.

23) 종교개혁의 중요한 표어 중 하나는 '오직 성경'(Sola Scriptura)이지만, 그 못지않게 중요한 것이 '전체 성경'(Tota Scriptura)입니다.

24) 청교도들은 하나님께서 주권적으로 인간에게 거듭남을 주시고, 새 생명을 주시며, 회심하게 하신다는 것을 철저히 믿었습니다. 그와 함께, 생명을 주시는 하나님 앞에 나아와, 말씀과 기도의 자리에 나아올 것을 촉구했습니다. 성령님은 그런 사역을 사용해서도 회심을 준비시키신다고 보았습니다. 이를 흔히 '회심 준비론'이라고 일컫습니다. 관련된 자료는 다음을 참고하시기 바랍니다: 고려신학대학원 교수회, 『능동 순종: 그리스도의 순종에 대하여 – 회심 준비론에 대하여』. 류길선, "개혁주의적 관점에서 본 조나단 에드워즈

의 준비 교리: 초자연적 은혜와 자연적 수단의 활용 관계," 한국개혁신학, 74 (2022): 134-171. 김효남, "개혁파 언약 사상과 청교도 회심 준비 교리," 역사신학논총, 42 (2023): 72-117.

25) 특별히 하나님은 이사야서 54장 5절에서 자신을 "남편"이라 칭하십니다. 그래서 백성들의 남편이신 하나님이라는 관점 에서 계속해서 살펴봅시다.

26) 손재익, 『나에게 거듭났냐고 묻는다면?』 (서울: 좋은씨앗, 2021), 89-91.

27) 존 프레임, 『조직신학』 (서울: 부흥과개혁사, 2017), 978-979.

28) 같은 책, 973.

29) Charles Haddon Spurgeon, "The Inner Side of Conversion"(Scripture: Jeremiah 31:18-20), September 15, 1889, From: Metropolitan Tabernacle Pulpit Volume 35

30) 이성호, 『비록에서 아멘까지』 (안성: 그 책의 사람들 2022), 623-625. 이성호 교수는 우리가 이 땅에서 지은 죄에 대해 영원히 형벌 받는 것을 부당하다고 느낄 수도 있지만, 이 땅 에서 회개하지 않는 자들은 지옥에서도 영원히 회개하지 않 고 죄를 짓는다고 말합니다. 그러므로 그들은 영원한 형벌 을 받을 수밖에 없습니다.

31) 이 설교는 이성호 목사의 「부자와 나사로 - "모세와 선지자 들에게 듣지 아니하면"(눅 16:19-31)」 설교(이성호, 『누가복음,

복음으로 읽기』(서울: 좋은씨앗, 2021), 200−213.)에 많은 빚을
지고 있습니다.

32) Arthur Walkington Pink, Eternal Punishment (Bellingham, WA: Logos Bible Software, 2005), 31 − 36.

돌이킬 수 없는 날이 이르기 전에

펴 낸 날   2025년 4월 10일 초판 1쇄

지 은 이   권오성 · 정중현
펴 낸 이   한재술
펴 낸 곳   그 책의 사람들

디 자 인   참디자인

판   권   © 권오성, 정중현, **그책의 사람들** 2025, *Printed in Korea*.
저작권법에 따라 한국 내에서 보호를 받는 저작물이므로 무단 전재와 복제를 금합니다.

주   소   경기도 수원시 필달구 성자천로32번길 27, 151동 906호
팩   스   0505 − 299 − 1710
카   페   cafe.naver.com/thepeopleofthebook
메   일   tpotbook@naver.com
등   록   2011년 7월 18일 (제251 − 2011 − 44호)
인   쇄   불꽃피앤피

책   값   13,000원
I S B N   979-11-85248-39-4
            (SET) 979-11-85248-38-7